So lachte man in der DDR · *Witze und Karikaturen*

So lachte man in der DDR

Witze und Karikaturen

Eulenspiegel Verlag

VORBEMERKUNG

Die Witzkultur der DDR blühte – die Wirklichkeit bot reichlich Anlaß. Was in der Betriebskantine oder bei Familienfeiern, in der Kneipe oder bei Parteiversammlungen hinter mehr oder weniger vorgehaltener Hand erzählt wurde, hat mittlerweile in zahlreich publizierte Witzsammlungen Eingang gefunden. Manche Sammlung will historisch dokumentieren, manche erhebt soziologischen Anspruch, andere zeigen nur Sammlerfreude, aber alle umkreisen die Frage nach der Spezifik des DDR-Witzes – hat es sie gegeben oder nicht? Natürlich, schon allein deswegen, weil sich die Witze – neben den immer kursierenden zeitlosen und austauschbaren – auf die soziale, mentale und politische Realität bezogen, die die DDR hervorgebracht hat. Sei es mangels Öffentlichkeit, sei es im Reflex auf ein – positiv oder negativ empfundenes – enges Eingebundenseins des Einzelnen in die Gesellschaft, der DDR-Witz zeichnete sich deutlich durch eine Kultur des kritischen Humors und des politischen Bezugs aus.

Schließt man sich Orwells Meinung an »Jeder Witz ist eine winzige Revolution« – ei fein, dann hätten wir alle immer ein bißchen Revolution gemacht, und das 40 Jahre lang. Oder war das doch nur der Stammtisch, der die Regierung stürzt?

Aber jeder Witz ist erst einmal Reaktion. Und so hat in diese Sammlung – natürlich nur in einer Auswahl – Eingang gefunden, was die sozialen Verhältnisse an Volkswitz hervorgebracht haben: Witze, die die verkündeten hehren Werte und die nüchterne Realität aufeinanderprallen lassen, Witze, die sich tradierter Muster bedienen, und solche, die zeigen, daß der Volkswitz nicht prinzipiell subversiv ist, sondern auch als Reflex auf ein vorgefundenes Gebräu von Stimmungen, von Sentiment und Ideologie existiert. Die vermeintlich schärfsten Witze, heißt das, können ganz schön staatstragend sein.

Dieses Buch vereint jetzt, was zu DDR-Zeiten nicht vereint war: Die Karikaturen, die wir den Witzen an die Seite stellen, stammen zwar genau wie diese aus 40 Jahren DDR, im Unterschied zu ihnen aber fanden sie ihren Platz in den Printmedien, waren veröffentlicht und damit öffentlich – in den Büchern des Eulenspiegel Verlags. Manche Karikatur ist von der Idee der »positiven Kritik« geprägt, ihren zeitkritischen Gehalt stellt das genausowenig in Frage wie ihre Aussage über die Verfassung der Gesellschaft, in der sie entstand.

Daß die Erinnerung daran, wie und worüber man in der DDR lachte, Sie, verehrte Leser, auch in die Gegenwart führt, wünscht Ihnen

Ihr Eulenspiegel Verlag

WAS DES VOLKES HÄNDE
SCHAFFEN ...

Der Lehrling: »Entschuldige Meister, ich hab heut meine
Schaufel vergessen.«
»Macht nichts, stütz dich mit auf meine.«

*

Tag der Aktivisten: Wilhelm Pieck zeichnet einen Par-
teiveteran aus und überreicht ihm die goldene Aktivi-
stenmedaille. Der sagt: »Du, Genosse Pieck, das mit dem
Gold, das ist aber großer Schwindel!«
Entgegnet Pieck: »Deine 300 Prozent Übersoll aber auch.«

*

In der Mathematikstunde wird eine Textaufgabe gestellt.
2 Brigaden asphaltieren eine 3 Kilometer lange Straße.
Brigade A beginnt am Ende a und arbeitet um 20 Pro-
zent schneller als Brigade B, die an Punkt b beginnt.
Die Lehrerin fragt nun: »Wo treffen sich beide Brigaden?«
Fritzchen meldet sich als erster. »Na, Fritzchen, wo?«
»In der Kneipe.«   .

Ein Journalist fragt den Bestarbeiter: »Wie lange arbeiten Sie schon in diesem VEB?«

»Über 20 Jahre«, antwortet der.

»Aber Moment, so lange gibt es doch noch gar keine volkseigenen Betriebe?«

Der Arbeiter zuckt die Schultern: »Überstunden, viele Überstunden!«

*

»Ist das hier richtig?« erkundigt sich der Klempner, »bei Ihnen soll der Wasserhahn defekt sein?«

»Bei uns ist alles in Ordnung«, antwortet die Hausfrau.

»Merkwürdig, wohnt hier nicht Familie Arnold?«

»Arnolds? Das ist ja schon ein halbes Jahr her, daß die ausgezogen sind.«

»Typisch«, entgegnet der Klempner. »Erst die Handwerker bestellen, und dann Hals über Kopf ausziehen.«

*

Bei einer internationalen Konferenz unterhalten sich drei Ingenieure über den Tunnelbau in ihren Ländern. Ein amerikanischer Tunnelbauer berichtet: »Es wird von beiden Seiten des Berges gebohrt. Wir treffen uns in der

»Ich fürchte, die Zigaretten sind hin.«

Mitte mit einer Abweichung von einem Meter. Diese Ecke sprengen wir weg und basta.«

Ein russischer Tunnelbauer berichtet: »Wir machen das genauso, aber die Abweichung beträgt nur zehn Zentimeter. Diese Ecke hacken wir ab und basta.«

Da meldet sich der Tunnelbauer aus der DDR zu Wort: »Wir machen es auch so, und wenn Gott will, ist die Abweichung gleich null.«

»Und wenn Gott nicht will?« fragt ein Zuhörer.

»Nun, dann haben wir zwei Tunnel.«

»Das ist Schikane, 'nem Bauarbeiter 'ne Neubauwohnung anzudrehn.«

Sozialistische Disziplin: Jeder macht, was er will; keiner macht, was er soll; alle machen mit.

*

Der Brigadier ruft seine Kollegen zusammen: »Heute muß nach Feierabend die Baustelle aufgeräumt werden. Wer keine Lust hat, vortreten!«
Alle treten vor, bis auf einen.
»Und warum trittst du nicht vor?«
»Keine Lust.«

*

Eine Parteidelegation besucht einen Betrieb. Die Genossen sehen den Arbeitern zu. »Nun, was produzieren wir denn hier?«
Ein Arbeiter antwortet: »Teile von Fahrstühlen.«
»Und welches Teil wird produziert?«
»Das Schild: Außer Betrieb.«

*

Ein Chef zur Sekretärin: »Tut mir leid, Marianne, im Bericht muß überall ich durch wir ersetzt werden.«
Die Sekretärin zuckt zusammen: »Wieso denn das?«
»Weil der Betrieb den Plan nun doch nicht erfüllt.«

*

Der Funktionär endet seine Rede vor den Arbeitern mit den anspornenden Worten: »Aus unseren Betrieben ist noch mehr rauszuholen!«

*

Der Antrag von Werktätigen auf Einführung der 35-Stunden-Woche wurde durch die Gewerkschaft abgelehnt. Begründung: Dann würden unseren Werktätigen 5 Stunden Schlaf pro Woche fehlen.

Walter Ulbricht besucht ein Heizkraftwerk. Der Betriebs-
leiter führt ihn und weist auf die großen Heizkessel.
»Genosse Ulbricht«, sagt er, »wir können mit Stolz behaup-
ten, daß wir die Anlage schon zwei Jahre ohne Kessel-
stein fahren!«
»Nu ja, Genosse«, sagt Walter und klopft ihm beruhigend
auf die Schulter: »Kopf hoch, ich glaube, diesen Engpaß
werden wir auch noch überwinden!«

*»Nein, das sind nicht die Sieben Schwaben, die sind von unserem Paten-
betrieb.«*

Anfrage an den Sender Jerewan: »Worin besteht der Unterschied zwischen einem Gespenst und sozialistischer Leitungstätigkeit?«
Antwort: »Es gibt keinen, alle reden davon, manche
beschreiben es auch, aber gesehen hat es noch niemand.«

*

Frage: Wie erreichen wir, daß alle pünktlich bei der
Arbeit sind?
Vorschlag: Der Letzte, der kommt, muß zum Arbeitsbe-
ginn klingeln.

12

Nach 5 Arbeitsmethoden wurde in der DDR gearbeitet:
Montags nach der Robinson-Crusoe-Methode: Warten auf den Freitag.

Dienstags nach der Heidekraut-Methode: Heide graut mir's aber widder.

Mittwochs nach der Heinrich-Heine-Methode: Ich weiß nicht, was soll es bedeuten.

Donnerstags nach der Miezekatzen-Methode: Pfoten auf den Tisch und warten auf die Mäuse.

Freitags nach der Bassow-Methode: Paß off, daß'de den Feierahmd nich verpaßt.

Ein Funktionär der französichen Bruderpartei besucht die DDR, wird von seinen Gastgebern durch Fabriken und Baustellen geführt und erklärt zum Abschied: »Tröstet euch, Genossen – bei uns arbeitet die herrschende Klasse auch nicht!«

13

Drei Jungs unterhalten sich, wer die schnellsten Autos hat. Der erste behauptet: auf jeden Fall die Amerikaner, der zweite: die Franzosen, der dritte: die DDR. Warum? »Mein Vater arbeitet bis halb vier und ist mit seinem Wartburg jeden Tag schon um drei in unserem Garten.«

»Was verbraucht so'n Wagen auf hundert Kilometer?«
»18 Liter Diesel und drei Kubikmeter Mörtel.«

Anfrage an den Sender Jerewan: »Kann ein sozialistischer Leiter leiten?«
Antwort: »Im Prinzip ja, aber haben Sie schon mal einen Zitronenfalter Zitronen falten sehn?«

»Na schön, dann zieh ich die Kündigung noch einmal zurück!«

Herr Meyer schaut sich in einem Betrieb um. Die Kaderleiterin möchte nicht die Katze im Sack kaufen. Sie fragt: »Haben Sie eine Empfehlung von Ihrem früheren Betrieb?«
»Klar, man hat mir empfohlen, daß ich mich nach 'ner anderen Arbeit umsehen soll.«

*

Auf einer Baustelle. Sagt einer: »32 Grad im Schatten, da kann man überhaupt nicht arbeiten.«

»Blödsinn«, meint ein anderer, »dann stell dich doch nicht in den Schatten!«

*

Die sieben »A« der sozialistischen Leitungstätigkeit: Alle Arbeit auf andere abwälzen, anschließend anscheißen.

*

Sagt der Brigadier zu seinen Leuten: »Ich habe zwei Nachrichten für euch, eine gute und eine schlechte. Zuerst die schlechte: Wir müssen morgen 500 Säcke Kies verladen. Nun die gute: Es sind weder Säcke noch Kies da.«

*

Auf einem Gerüst stehen ein paar Maurer und machen heimlich eine Flasche leer. Da stürzt einer runter und bricht sich das Genick.
»Scheißtrinkerei, was machen wir jetzt?«
»Wißt ihr was? Wir stecken ihm die Hände in die Taschen. Dann sieht's wie'n Arbeitsunfall aus.«

*

»Schon fertig mit Holzhacken?« fragt ein LPG-Bauer den Nachbarn, der im Schatten liegt.
»Ja«, erwidert der, »heut nacht hat ein Blitz das Holz kurz und klein geschlagen.«
»Und was machst du jetzt?«
»Jetzt warte ich, daß ein Erdbeben die Kartoffeln aus dem Boden schüttelt.«

*

»Keine Angst, der jagt nicht mehr!«

Anfrage an den Sender Jerewan: »Was passiert, wenn der Sozialismus in der Sahara eingeführt wird?«
Antwort: »Die ersten zehn Jahre passiert gar nichts. Dann wird allmählich der Sand knapp.«

*

Bei einer Betriebsversammlung schlägt ein Kollege vor, daß künftig nur noch montags gearbeitet wird. Nachdem sich der brausende Beifall gelegt hat, ruft einer nach vorn: »Etwa jeden Montag?«

*

»Schon gehört? Paule hat 'ne Arbeit angenommen.«
»Jaja, für Geld macht der alles.«

17

Das Hotel Merkur in Leipzig wird von den Japanern gebaut. Gegenüber befindet sich eine Baustelle des volkseigenen Baukombinats. Jeden Morgen bei Baubeginn verbeugen sich die Japaner zu den deutschen Bauarbeitern. Dem Oberbauleiter wird das nach einigen Tagen unheimlich, er schickt den Bauleiter zu den Japanern, um die Gründe zu erfragen. Der kommt zurück mit der Nachricht: »Die Japaner möchten sich entschuldigen, daß sie den Bummelstreik nicht mitmachen.«

*

Drei Zwickauer Kinder unterhalten sich.
»Mein Vater«, sagt der erste, »arbeitet im Autowerk und taucht linke Kotflügel.«
»Mein Vater«, sagt der zweite, »arbeitet auch im Autowerk und taucht rechte Kotflügel.«
»Mein Vater«, sagt der dritte, »arbeitet auch im Autowerk, aber er taucht nischt, er ist Parteisekretär.«

*

Ein Parteifunktionär läßt sich von einem japanischen Manager die Motivation für das hohe Arbeitsethos der Japaner erläutern.
»Die Japaner arbeiten 3 Stunden für den Kaiser, 3 Stunden für Japan und 3 Stunden für sich.«
Der Parteifunktionär erleichtert: »Genau wie bei uns in der DDR, nur haben wir keinen Kaiser, und Japan geht uns nichts an.«

*

Gott ruft die Staatsführer zu sich und eröffnet, daß am 30. Mai der Weltuntergang sei.
»Ich werde Kaviar und Krimsekt an mein Volk verteilen lassen«, sagt Breshnew.
»Und ich werde Steaks und Whisky an mein Volk verteilen lassen«, sagt Reagan.
»Und ich«, sagt Honecker, »werde den 30. Mai rausarbeiten lassen.«

HAM WA NICH

Frage: Was hat ein HO-Verkaufsstellenleiter mit einem Astronauten gemeinsam?
Antwort: Beide kennen sich aus im leeren Raum.

*

Warum gibt es in der DDR so wenig Banküberfälle?
Weil man auf ein Fluchtauto 15 Jahre warten muß!

*

Frage: Was gab es eher, das Ei oder die Henne?
Antwort: Früher gab es beides.

*

Zwei Trabbis sind zusammengestoßen: dreizehn Todesopfer!
Die beiden Fahrer starben auf der Stelle, elf weitere Bürger kamen beim Kampf um die Ersatzteile ums Leben.

*

Zwei Redakteure des DDR-Fernsehens unterhalten sich.

20

»Was meinst du«, fragt der eine, »ob die in Polen auch 3sat bekommen?«

»Nee«, antwortet der andere, »die bekommen ja nicht mal einen satt.«

»Seit wann machst'n krank?«
»Von da an.«

Ein Professor steht mit einem leeren Netz in der Hand vor der HO-Kaufhalle und sinniert: »War ich nun schon drinnen – oder nicht?«

*

Auf einer Parteikonferenz erläutert Ulbricht die schwierige Lage in der Versorgung und endet mit den Worten:

»Aus diesem Grund, Genossen, den Riemen enger schnallen.«

Da meldet sich ein Genosse: »Und wo gibt's Riemen, Genosse Ulbricht?

*

Der Staatsbürgerkundelehrer fragt: »Was gab es vor dem Sozialismus?«

Klaus: »Mein Vater sagt: alles!«

*

Zwei Cousins, der eine aus Köln, der andere aus Rostock, haben sich getroffen. Zum Abschied sagt der Kölner: »Du könntest mir schreiben, wie es dir geht und wie bei euch so die Lage ist.«

»Das wird schwer sein«, meint der Rostocker, »bei uns geht die Post durch die Zensur.«

»Das macht nichts«, sagt der Kölner, »wenn alles in Ordnung ist, schreibst du mit schwarzer Tinte, wenn es Probleme gibt, schreibst du dasselbe in Grün.«

Wochen später erhält der Kölner einen Brief, mit schwarzer Tinte geschrieben. »Hier ist alles wunderbar. Unserem Land geht es immer besser. Die Menschen sind glücklich, und man kann kaufen, was man will. Butter, Eier, Apfelsinen, Rinderfilet – nur leider keine grüne Tinte.«

*

Was ist ein Revolutionssandwich?

Eine Fleischkarte zwischen zwei Brotmarken.

*

»Drin liegt ein Schild ›Wegen Inventur geschlossen!‹«

»Welches Tier hat sich am besten auf die Lebensbedingungen in der DDR eingestellt?« fragt der Lehrer.
Fritzchen antwortet: »Die Fliege, Herr Lehrer. Sie fliegt
ohne Benzin und scheißt auf die Bettwäsche.«

*

Der Gast zum Küchenchef: »Donnerwetter, Sie können ja
sogar PNP-Schnitzel herstellen!«
Der Küchenchef stolz: »Vielen Dank, mein Herr, aber im
Vertrauen, was sind PNP-Schnitzel?«
Der Gast: »Auf beiden Seiten Paniermehl und in der Mitte nichts.«

*

Ein Lehrer liest seinen Schülern vor. »... und Gott verteilte unter den Menschen drei Fische.«
Eifrig meldet sich Fritzchen: »Herr Lehrer, es gibt keinen
Gott.«
»Nun, das mußt du symbolisch sehen, es gibt ja bei uns
auch keinen Fisch.«

»Herr Ober, das soll ein halber Broiler sein?«
»Ja, mein Herr.«
»Dann bringen Sie mir bitte die andere Hälfte!«

*

»Diese Lederschuhe kann ich Ihnen sehr empfehlen, da gibt es sogar Garantie drauf«, sagt die HO-Verkäuferin.
»Was, garantiert Leder?«
»Nein, garantiert Schuhe!«

Ein Kunde betritt einen Fleischerladen. »Haben Sie Rouladen?«
»Ham wa nich.«
»Haben Sie Schweineschnitzel?«
»Ham wa nich.«
»Haben Sie Kalbfleisch?«
»Ham wa nich.«

24

»Haben Sie Bockwurst?«
»Ham wa nich.«
Der Kunde verläßt enttäuscht den Laden.
Sagt der eine Verkäufer zum andern:. »Mensch, hat der
ein gutes Gedächtnis!«

*

Stehen zwei kleine Jungen an der Grenze, einer auf west-
licher, einer auf östlicher Seite. Der im Westen ißt eine
Banane. Der aus dem Osten guckt traurig.
Der aus dem Westen: »Ätsch, ich habe eine Banane!«
Der aus dem Osten: »Ätsch, wir haben den Sozialismus!«
Der aus dem Westen: »Ätsch, wir haben auch bald den
Sozialismus!«
Der aus dem Osten: »Ätsch, dann habt ihr aber keine Bana-
nen mehr ...«

Das Zentralkomitee diskutiert darüber, ob das Standbild Friedrichs II. wieder aufgestellt werden soll. »Ich bin dagegen«, sagt der Kulturminister, »seine historische Rolle ist umstritten. Er hat zwar in Preußen die Kartoffel anpflanzen lassen ...«

»Genau«, unterbricht ihn der Minister für Versorgung, »und deswegen hab ich die Kartoffellieferung einstellen lassen, bis dieser Punkt geklärt ist.«

*

Ein DDR-Ingenieur kommt aus Algerien zurück. Zu Hause erzählt er: »Und in der Wüste, jede Menge Schlangen, man glaubt es kaum, Schlangen über Schlangen!«
Fragt sein Frau: »Und, haste dich angestellt?«

*

Warum ist die Banane krumm?
Weil sie immer einen Bogen um die DDR macht.

*

Erich Honecker will nach Australien, um die Technik des Kängguruhs zu studieren.
Warum?
Um zu sehen, wie man mit leerem Beutel große Sprünge machen kann.

*

Einem polnischen, einem amerikanischen und einem russischen Computer gibt man die Frage ein: Warum gibt es kein Fleisch?
Der polnische Computer fragt zurück: »Was ist ›Fleisch‹?«

26

Der amerikanische Computer: »Was heißt ›gibt kein‹?
Der russische Computer: »Was heißt ›Warum‹?«

Ein Gast verlangt in einer HO-Gaststätte: »Bitte Rinder-
roulade mit Klößen und Rotkohl ...«
»Ham wa nich!«

»Dann nehme ich Schweinsmedaillons, junge Erbsen und ...«
»Ham wa nich!«
»Dann eben Kalbskotelett mit Champi...«
»Ham wa nich.«
Der Gast schimpft: »Zum Kotzen ...«
»Kommt sofort«, antwortet der Kellner.

Die Schlagerinterpreten haben die Schlagertexte verschieden interpretiert, es kommt aber darauf an, sie zu verändern.

Ein Amerikaner sieht zur Messezeit in Leipzig eine lange Schlange vor einem Lebensmittelladen. »Bei uns kann man ohne weiteres alles kaufen«, sagt er.
»Das war früher bei uns auch so. Da sehen Sie mal, wie weit die USA zurückgeblieben ist.«

*

Ein Bürger fragt im Gesundheitsministerium an, welche Gemüsesorten er für eine gesunde Lebensweise bevorzugen solle. Die Antwort läßt lange auf sich warten, doch sie kommt. »Ihre Frage ist nicht einfach zu beantworten. Im vergangenen Jahr beispielsweise war Porree sehr bekömmlich. In diesem Jahr sollten sie Rotkohl bevorzugen. Für das nächste Jahr haben wir die Forschungen noch nicht abgeschlossen. Von Spargel raten wir generell ab.«

»Heute ist Sprechtag, na schön, aber ich erinnere mich nicht, daß ich Sie sprechen wollte.«

Zwei Nachbarinnen treffen sich auf der Straße. »Morgen soll es Schnee geben!« sagt die eine freudestrahlend. »Na und«, entgegnet die andere, »ich stelle mich für nischte mehr an!«

Ein Kunde verlangt ein paar Herrenschuhe, Größe 44.
»Ham wa nich.«
Dann will er ein paar Damenschuhe, Größe 39.
»Ham wa nich.«
Schließlich will er Kinderschuhe, Größe 22.
»Ham wa nich.«
»Na gut«, sagt er, »werden wir eben den Kapitalismus barfuß überholen.«

Ein Amerikaner hat gelesen, daß in der DDR ein Auto gebaut wird, dessen Lieferfrist alle anderen in der Welt übertrifft.

»Das muß ich haben«, beschließt er und bestellt gegen Dollar einen Trabbi. Die Autobauer in der DDR sind stolz und schicken natürlich gleich ein Exemplar über den Ozean. Als das Auto ankommt, staunt der Amerikaner. »Das ist ein Service«, ruft er begeistert, »zehn Jahre Lieferfrist, aber ein Modell aus Pappe schicken sie sofort!«

Ein Genosse kommt in die Hölle und trifft auf einen anderen. »Ach«, sagt der, »hier ist es ganz gemütlich, seit der Sozialismus Einzug gehalten hat. Heute gibt's kein Pech, morgen keinen Schwefel und übermorgen kein Holz und keine Kohlen oder es fehlen die Streichhölzer. Und wenn mal alles da ist, muß ausgerechnet der Heizer auf Parteischulung.«

*

Der Lehrer: »Liebe Schüler, wir wollen in unserer Schule den Wilhelm Tell aufführen.«
»Und woher kriegen wir den Apfel?«

31

»Genossen, es gibt kein Fleisch, wir bekommen keine Lieferung. Wie können wir das den Leuten klarmachen?«
»Nichts leichter als das«, sagt ein anderer Genosse und wendet sich an die schlangestehende Menge: »Bürger, unsere Erfolge nehmen ständig zu. Der Sozialismus entwickelt sich so schnell, daß das Vieh nicht mehr mitkommt.«

»Tausendfüßler müßte man sein!«

Breshnew und Honecker unterhalten sich über die Probleme der Warenverteilung.
Breshnew sagt: »Die Verteilung der Waren erfolgt bei uns nach streng wissenschaftlichen Grundsätzen der Planwirtschaft: Zum Beispiel Gebiet Moskau 14 Prozent, Gebiet Leningrad 13 Prozent, Ural 10 Prozent usw.«
»Das ist bei uns einfacher«, antwortet Honecker, »wir schaffen alles nach Berlin, und von dort holt sich's jeder ab.«

Fragt ein kleines Mädchen seine Mutter: »Was sind Menschenschlangen?«
»Das sind«, antwortet die Mutter, »Menschen, die sich hintereinander anstellen, um Apfelsinen zu kaufen.«
Fragt das Mädchen: »Mutti, und was sind Apfelsinen?«

»Wir möchten ihn gleich mitnehmen. Haben Sie den auch mit Hängerkupplung?«

Ein Gast aus der Bundesrepublik fragt den Kellner im Interhotel, was er bestellen könne. Der Kellner sagt: »Alles, mein Herr.«
Der Gast erwidert: »Das glaube ich nicht.«
Der Kellner: »Nennen sie mir ein Gericht, und ich serviere es Ihnen. Wenn nicht, zahle ich Ihnen 500 Mark.«
Der Mann bestellt gepökelten Elefantenpopo mit Zwiebelringen und Kroketten. Eine Stunde vergeht. Nichts. Kein Kellner läßt sich blicken. Da sieht der Gast, wie ein Elefant durch den Hoteleingang in Richtung Küche geführt wird.
Nach einer weiteren Stunde erscheint der Kellner mit

trauriger Miene. »Hier haben sie die 500 Mark. Mit Ihrem Menü klappt es nicht.«

»Wieso?« wundert sich der Gast. »Ich habe genau gesehen, wie ein Elefant in die Küche gebracht wurde!«

»Das schon«, sagt der Kellner, »aber treiben Sie mal in so kurzer Zeit Zwiebeln auf!«

*

Wie kann man die Himmelsrichtung bestimmen?
Man legt eine Banane auf die Mauer. Wo sie abgebissen wird, ist Osten.

*

Anfrage des Landwirtschaftsministeriums an eine sächsische LPG: »Genossen, könnt ihr die Milchproduktion um 10 Prozent steigern?«

»Kein Problem.«

»Genossen, könnt ihr die Milchproduktion um weitere 20 Prozent steigern?«

»Natürlich können wir auch das, aber dann wird die Milch schon sehr dünn!«

Eine Kundin fragt einen Lehrling im Kaufhaus nach Weißkohl.

»Ham wa nich!«

Das hört der Lehrausbilder. »Du gehst da falsch ran. Wenn du nach Weißkohl gefragt wirst, sagst du, Weißkohl haben wir nicht, aber Rotkohl ist vorrätig.«

Am nächsten Tag ist der Lehrling in der Haushaltwarenabteilung. Kommt eine Kundin und fragt: »Haben Sie Klopapier?«

»Nein«, sagt der Lehrling, »Klopapier haben wir nicht, aber Sandpapier ist vorrätig ...«

*

Die Produktion von Schlafzimmern wird wegen nicht vorhandenen Bedarfs eingestellt. Die Intelligenz ruht auf Lorbeeren, die Werktätigen sind wachsam, und alle anderen sitzen.

*

Nun muß man tatsächlich auf ein Auto nur noch 4 Tage
warten:
Einen Tag Anmeldung und drei Parteitage.

*

Die DDR wurde in das Guinness-Buch der Rekorde ein-
getragen:
Sie hatte die meisten Kinder pro Banane.

*

Eine Kundin beschwert sich: »Gestern habe ich zwei
Dosen Fisch gekauft. In der einen war nur Tomatensoße,
in der anderen der Fisch. Wie geht denn das?«
»Sein Se froh, daß Se nicht die dritte erwischt haben, in
der müssen wohl die Gräten gewesen sein.«

*

Ein Mann betritt einen Gemüseladen und verlangt drei Ananas.

»Na hörn Se ma, Sie wissen wohl nicht, wo Sie hier sind!« sagt die Verkäuferin.

»Doch, weiß ich ganz genau. Ich war zwei Wochen auf der MS Arkona. Da gabs alles!«

»Na und, hier sind Se nich auf der Arkona, sondern auf der Titanic!«

*

Warum ist Leipzig die frömmste Stadt?
Zweimal im Jahr ist Messe, ansonsten ist Fasten.

*

Was haben die DDR und die Schweiz gemeinsam?
Beide bestehen aus Bergen und Engpässen.

*

Ein Mann betritt eine Eisenwarenhandlung. »Ham Se Nägel?«

»Nee.«

»Ham Se Schrauben?«

»Nee.«

»Ham Se wenigstens 'n Schraubenzieher?«

»Nee.«

»Na was ham Se denn dann überhaupt?«

»Durchgehend geöffnet.«

»Und warum ham Se durchgehend geöffnet, wenn Se doch nischt verkoofen?«

»Weil wir kein Schloß haben.«

*

»Herr Ober, was macht mein Bier, auf das ich schon 'ne halbe Stunde warte?«
»Fünfzig Pfennig, mein Herr.«

*

Kommt ein Mann in den Laden: »Bitte eine Rolle Klopapier.«
»Ham wa nich. Fragen Sie morgen nochmal nach!«
»Tut mir leid«, sagt der Kunde, »so lange kann ich nicht warten.«

*

Anfrage an den Sender Jerewan: »Gibt es in der Schweiz ein Ministerium für Hochseefischerei?«
Antwort: »Natürlich, in der DDR gibt es ja auch ein Ministerium für Handel und Versorgung.«

*

Eine Frau kommt in den Laden. »Ham Se Waschmaschinen?«
»Nein, keine Waschmaschinen gibts nebenan, hier gibts nur keine Fahrräder.«

*

Drei Arten Aal gibt es in der DDR: Grün, geräuchert und schwarz.

*

Auf dem Alexanderplatz gibt es jetzt einen Bananenautomaten. Wenn man oben eine Banane reinsteckt, kommen unten 2 Mark raus.

Warum hing in Fleischerläden immer noch wenigstens
eine Wurst am Haken?
Damit niemand nach Fliesen fragt.

*

Weißt du, warum Zitronen sauer sind?
Sie sind die einzigen Südfrüchte, die in die DDR müssen.

Zwei Kollegen gehen in eine Kaufhalle, in der es gerade Bananen gibt. Sie reihen sich ein. Der eine von ihnen bittet um drei Pfund.

»Es gibt nur ein Pfund pro Kopf!« raunzt die Verkäuferin.

»Gilt das auch für Nationalpreisträger?« fragt der Kunde.

Die Verkäuferin packt drei Pfund ein.

Wieder draußen fragt sein Kollege erstaunt: »Hör mal, du bist doch gar kein Nationalpreisträger!«

»Nein, aber man wird doch mal fragen dürfen!«

*

Ein Schlachthof in Dresden erfüllt seinen Plan nur zu fünfzig Prozent. Der Direktor meldet fünfundsechzig Prozent an die SED-Kreisleitung. Der Kreisleitungssekretär erhöht auf fünfundsiebzig Prozent. Die SED-Bezirksleitung telegrafiert gewohnheitsgemäß 99,8 Prozent nach Berlin weiter. Im Wirtschaftsministerium wird die Bilanz auf hundert Prozent gerundet. Im Zentralkomitee entscheidet man: »Die Hälfte wird exportiert, der Rest bleibt für den Binnenhandel.«

Erich Honecker erkundigt sich bei Günter Mittag nach der Höhe der Ausschuß-Produktion.
»Nur acht Prozent«, sagt Mittag stolz.
»Aber reicht denn das zur Versorgung unserer Bevölkerung?«

*

Ein Mann ist in den Westen übergesiedelt. Er geht in den Laden und verlangt eine Schachtel F 6.
»Ham wa nich«, sagt die Verkäuferin.
»O Gott, geht das schon wieder los!«

DER GROSSE BRUDER

Truppenparade auf dem Roten Platz nach dem Sieg über den Hitlerfaschismus. Väterchen Stalin lädt drei Soldaten der Roten Armee zu sich, die an der Schlacht um Berlin teilgenommen haben: »Nun, mein Sohn, welche Meinung hast du von Deutschland?«

»Väterchen Stalin, Deutschland ist ein schönes Land. Von den Kriegsschäden mal abgesehen, ist alles sauber und zivilisiert!«

Stalins Miene verfinstert sich, er gibt Berija ein Zeichen: »Ins Lager nach Sibirien!«

Er fragt den zweiten Soldaten, der sagt: »Sehr gut, ein Land mit viel Kultur, Goethe, Schiller, Heine ...«

Stalin erbost: »Ab in die kaukasischen Bergwerke!«

Er fragt den dritten: »Und wie findest du Deutschland?«

»Schlecht, Väterchen Stalin, schlecht.«

Stalin ist erfreut. »Hervorragend. Das ist die richtige Einstellung. Dafür darfst du dir was wünschen.«

»Väterchen, dann möchte ich nach Deutschland.«

*

Stalin kommt nach seinem Tod sofort in die Hölle. Niemand will ihn dort zum Nachbarn haben. Da klopft der Teufel an ein abseits gelegenes Verlies an. »Hier Karl Marx«, tönt es von innen.
»Du bist doch der, der ›Das Kapital‹ geschrieben hat?« fragt der Teufel.
»Allerdings«, sagt Marx.
Der Teufel schließt auf, schiebt Stalin rein und meint: »Hier hast du die Zinsen!«

Als Stalin im Jenseits den Zaren Nikolai trifft, ignoriert er ihn natürlich. Doch bei der zweiten Begegnung macht sich Nikolai an ihn heran und sagt: »Ich weiß schon, wir sind eigentlich Klassengegner, aber ich bin nach so langer Zeit einfach neugierig. Wie ist es denn jetzt in Rußland?«

»Sehr gut ist es!« antwortet Stalin.

»Wirklich? Gibt's denn noch Sibirien?«

»Gibt's!«

»Gibt's auch noch die Ochrana?«

»Heißt jetzt etwas anders, aber gibt's!«

»Gibt's auch noch Wodka?«

»Natürlich!«

»Wirklich? Sechzigprozentigen?«

»Nein – bei uns 40 Prozent !«

»Ach so ... Na ja, ist auch nicht wenig. Aber sag mal – wegen dieser 20 Prozent mußtet ihr eine Revolution machen?!«

44

Parade auf dem Roten Platz. Stalin friert und gibt seinem Adjutanten ein Zeichen, ihm eine kleine Flasche Wodka zu reichen.

Dieser gibt das Fläschchen an einen neben Stalin stehenden Jungen Pionier, damit der es an Stalin weiterreicht.

Der Junge Pionier schaut auf das Fläschchen und wirft es auf den Boden.

Stalin voller Empörung »Was erlaubst du dir, und überhaupt, wie heißt du?«

»Michail Gorbatschow.«

*

Als in der estnischen Hauptstadt Tallinn einst eine große Rattenplage herrschte, schrieben die Bürger an den finnischen Weisen einen Brief und baten um Hilfe. Als Antwort kam ein kleines Kästchen, darin befand sich eine kleine weiße Maus und ein Zettel, auf dem stand: »Die

Maus freilassen!« Sie taten es, und alsbald lief die Maus geschwind durch alle Häuser, alle Keller, alle Speicher; alle Ratten folgten ihr und verließen mit ihr die Stadt. Die Bürger dankten dem finnischen Weisen in einem weiteren Brief von Herzen und fügten die Bitte hinzu: »Schick uns nun noch einen kleinen, weißen Russen ...«

*

Im Zug nach Sibirien sitzen drei Männer. Fragt der eine sein Gegenüber: »Brüderchen, was hast du bekommen?«
»Fünf Jahre.«
»Und was hast du gemacht?«
»Ich war gegen Popow. Und du, Brüderchen, was hast du bekommen?«
»Auch fünf Jahre.«
»Und was hast du gemacht?«
»Ich war für Popow«, antwortet der und wendet sich an den Dritten. »Brüderchen, was hast du bekommen?«
»Auch fünf Jahre.«
»Und was hast du gemacht?«
»Nichts habe ich gemacht. Ich bin Popow.«

*

Ein Sowjet-Soldat kommt zum Uhrmacher und legt eine Sprungdeckeluhr auf den Ladentisch.
»Bitte Reparatur.«
Der Uhrmacher öffnet die Uhr. Sie ist vollständig verdreckt. Mit einer Pinzette entnimmt er eine tote Laus und legt sie neben die Uhr.
Darauf der Sowjetsoldat: »Ah, verstehe, Maschinist kaputt.«

46

»Eben hat mir ein Ausländer meine Uhr gestohlen«, meldet ein Mann auf einer Ostberliner Polizei-Wache. Der Polizist zuckt die Achseln. »Ein Ausländer? Ein Amerikaner wohl?«

»Nein, ein Amerikaner war's nicht.«

»Na, dann ein Tommy?«

»Nein, auch nicht.«

»Also ein Franzose?«

»Nein, auch nicht.«

»Na, was für ein Ausländer soll es dann gewesen sein?«

»Ich glaube, ein Finne!«

»Quatsch, Finnen, haben wir hier gar nicht, Sie meinen wohl, ein Russe?«

»Stimmt, aber das haben Sie gesagt!«

»Zum ewigen Ruhme der Landschafts- umgestalter sowie als Orientie- rungshilfe für Karawa- nen.«

Ein altes Mütterchen in Ostberlin steht vor einem riesigen Stalin-Plakat.
»Wer ist das?« fragt es einen Passanten.
»Das ist unser Befreier!«
»Sehr gut, ob der uns wohl auch von den Russen befreien kann?«

*

1948. Vor einem Uhrengeschäft steht eine lange Schlange. Ein Passant fragt nach dem Grund. Man antwortet ihm: »Der Laden hat gerade eine Sendung Uhren aus Rußland bekommen.«
» Dann stelle ich mich an. Vielleicht ist meine auch dabei.«

*

Wäschetausch in der Roten Armee: Kolja tauscht mit
Iwan.

*

Nach seiner großen Rede auf dem XX. Parteitag erhält
Chrustschow einen anonymen Zettel aus dem Saal: »War-
um habt ihr das alles nicht schon früher gesagt?«
Chrustschow liest ihn vor und fragt: »Wer hat das geschrie-
ben?«
Schweigen. »Ich frage zum zweiten Mal: Wer hat das
geschrieben?«
Als auch die dritte Frage ohne Antwort bleibt, sagt er:
»Seht ihr, Genossen: deshalb!«

*

Anfrage an den Sender Jerewan: »Stimmt es, daß in der
Sowjetunion der Mais wie Telegrafenmaste wächst?«
Antwort: »Im Prinzip ja, aber nicht so stark und so hoch,
sondern so weit auseinander.«

Nikita Chrustschow soll den Nobelpreis für Biologie bekommen.
Wofür?
Er hat Weizen in der Ukraine gesät und in Kanada geerntet.

»Pech, endlich haben wir ein Kraftfutter entwickelt, und nun sind sie ausgestorben.«

Chrustschow besucht Indien. Während eines Banketts will er den indischen Ministerpräsidenten bewegen, ein Glas Wodka zu trinken. Der lehnt aus religiösen Gründen strikt ab. Chrustschow versucht ihn zu überreden und bietet ihm eine Zuckerfabrik dafür an. Doch der Inder bleibt konsequent. Chrustschow bietet zwei, schließlich sogar drei Zuckerfabriken an. Der Inder trinkt ein Glas. Da lacht Nikita schallend.
»Warum lachen Sie, wenn ich mich im Interesse meines Volkes über unsere religiösen Anschauungen hinwegsetze?« fragt der Inder.
»Ich lache nicht über Sie, ich stelle mir vor, was Ulbricht für ein Gesicht macht, wenn er erfährt daß er jetzt drei Zuckerfabriken nach Indien liefern muß!«

50

Stalin hinterläßt als politisches Testament drei ver-
schlossene Briefe, die nur in ausweglosen Situationen
geöffnet werden dürfen.
Während der Kuba-Krise öffnet Chrustschow den ersten
Brief. Darin steht »Schiebe alles auf mich. Stalin.«
Kennedy wird ermordet. Chrustschow öffnet den zwei-
ten Brief.
»Schiebe alles auf die Amerikaner. Stalin.«
Chrustschow verliert seine Mehrheit im Obersten Sowjet.
Er öffnet den dritten Brief:
»Jetzt bist Du dran, drei Briefe zu schreiben. Stalin.«

*

Chrustschow sucht eine Nebenbeschäftigung für Kossygin, der in Rente geht. Man schlägt ihm vor, ihn auf der
Aurora als Museumswärter einzusetzen. Chrustschow
lehnt entrüstet ab: »Von dort aus ist schon mal eine pro-
visorische Regierung gestürzt worden!«

Kennedy und Chrustschow wollen wissen, wie die
Menschheit im Jahr 2000 leben wird.
Kennedy sagt: »Wir haben einen neuen, modernen
Großrechner, den füttern wir einfach mit unsern Daten.«

Am Schluß drücken sie den Knopf, zwei kleine Zettel kommen aus dem Rechner.

Kennedy nimmt seinen Zettel, liest und versteckt ihn.

Chrustschow nimmt seinen, liest und versteckt ihn auch.

»Na sag mir schon, was auf deinem Zettel steht«, fordert Chrustschow Kennedy auf. Nach einigem Zögern liest der vor: »›Im Jahr 2000 hat der Kommunismus gesiegt.‹ Und nun lies du vor.«

Chrustschow ziert sich, hält den Zettel versteckt.

»Das ist unfair«, sagt Kennedy, »nun mach schon!«

»Da, bitte«, sagt Chrustschow und hält Kennedy den Zettel hin. »Kannst du etwa chinesisch lesen?!«

*

Die transsibirische Eisenbahn. Der Zug hält auf freier Strecke.

»Was ist los?« fragt ein Reisender.

»Nichts weiter«, sagt der Schaffner, »sie tauschen nur die Lokomotive.«

»Ach so, gegen eine neue?«

»Nein, gegen Wodka.«

Unterhalten sich ein Amerikaner, ein Russe und ein DDR-Bürger darüber, wer wohl die größten Wälder habe.

Der Amerikaner prahlt: »Bei uns in Amerika gibt es Wälder, wenn man da morgens reingeht, kommt man vor dem Abend nicht wieder raus!«

Darauf der Russe: »Wenn du bei uns in Sibirien in den Wald gehst, kommst du erst nach einer Woche am anderen Ende heraus!«

»Alles Kinderkram!« erwidert der Ostdeutsche. »Bei uns sind die Russen 1945 in die Wälder rein – und haben bis heute nicht wieder rausgefunden!«

Geschichtsunterricht. Der Lehrer fragt: »Warum lieben wir unsere sowjetischen Freunde?«

Fritzchen antwortet: »Weil sie uns vom Hitlerfaschismus befreit haben.«

»Sehr gut. Und warum«, fragt der Lehrer weiter, »hassen wir die Amerikaner?«

Fritzchen. »Weil sie uns *nicht* befreit haben.«

»Ein seltenes Prachtexemplar aus der Spree: Er wurde lebend geborgen!«

Anfrage an den Sender Jerewan: »Stimmt es, daß dem Kosmonauten Gagarin auf dem Roten Platz ein rotes Auto überreicht worden ist?«

Antwort: »Im Prinzip ja. Nur handelte es sich nicht um den Kosmonauten Gagarin, sondern um einen Arbeiter gleichen Namens. Und es geschah nicht in Moskau, sondern in Kiew. Es war auch kein Auto, sondern ein Fahrrad, und es wurde ihm nicht überreicht, sondern gestohlen.«

54

Der Kolchosvorsitzende ruft die Melkerin Irina zu sich.
»Du, ein ausländischer Journalist will ein Interview mit
dir machen.«
»Was ist denn ein Interview?« fragt Irina.
»Weiß ich auch nicht«, sagt der Vorsitzende. »Aber zieh
für alle Fälle saubere Unterwäsche an.«

Anfrage an den Sender Jerewan: »Gibt es in Leningrad
Fleisch?«
»Im Prinzip ja.«
Erneute Anfrage an den Sender Jerewan: »Gibt es auch
in Moskau Fleisch?«
Antwort: »Nein, die Ausstellung zieht von Stadt zu Stadt.«

*

Rostocker Hafen. Ein Mann beobachtet die einlaufenden
Schiffe. Ein Wachoffizier spricht ihn an. »Was machen Sie
hier?«
»Ich warte, um zu sehen, wie die sowjetischen Schiffe
voll mit Weizen beladen bei uns eintreffen.«

Der Offizier: »Dann gucken Sie nicht so viel aufs Meer, gucken Sie in die Zeitung!«

*

Sowjetisch-chinesischer Krieg: Sowjetische Siegesmeldung am ersten Tag: »100 000 chinesische Kriegsgefangene.«
Sowjetische Siegesmeldung am zweiten Tag: »1 Million chinesische Kriegsgefangene.«
Sowjetische Siegesmeldung am dritten Tag: »10 Millionen chinesische Kriegsgefangene.«
Am vierten Tag trifft ein Telegramm aus Peking ein: »Gebt auf, sonst ergeben wir uns alle!«

Ia Wasserhähne
eingetroffen!

Reportage: »Meine Hörerinnen und Hörer, ich stehe an
der sowjetischen Grenze und erlebe, wie von chinesischer
Seite ein friedlicher russischer Mähdrescher beschossen
wird. Sie werden sich fragen, was macht der friedliche
sowjetische Mähdrescher?
Ja, ich kann es Ihnen sagen, er schießt zurück und fliegt
davon.«

*

Ein Offizier kommt aufgeregt zu Breshnew: »Genosse
Generalsekretär. Auf dem Roten Platz sind mindestens
hunderttausend Leute!«
»Ja, und? Das sind Touristen.«
»Genosse Generalsekretär, sie sitzen alle auf dem Boden!«
»Sie wollen sich wahrscheinlich ausruhn.«
»Genosse Generalsekretär, sie habe alle ihr Essen aus-
gepackt!«
»Sie werden Hunger haben, was ist daran so schlimm?«
»Nichts, Genosse Generalsekretär, aber sie essen mit
Stäbchen.«

»In diesem Fall ohne Punkt, mein Sohn.«

Am Morgen seines zweiten Besuchstages in den USA wurde Breshnew von Präsident Ford gefragt, was er denn
geträumt habe. »Ich habe vom Capitol in Washington
geträumt, und auf dem Dach wehte eine rote Fahne!«
»Na so was«, sagte Ford, »und ich habe vom Kremlpalast
geträumt, auf dem wehte auch eine rote Fahne!«

Breshnew lächelte überlegen: »Die können sie doch dort immer sehen!«

»Na ja, auf der Fahne stand noch irgend etwas geschrieben.«

»Und was?«

»Ja, das weiß ich nicht, ich kann doch nicht Chinesisch!«

*

Breshnew besichtigt die Baustelle der BAM und wundert sich, daß dort so viele Matrosen arbeiten. Da raunt ihm sein Sicherheitsoffizier zu:

»Genosse Breshnew, Matrosen tragen quergestreifte Hemden!«

*

Internationale Pressekonferenz zum Bau der Baikal-Amur-Magistrale. Der Minister hält eine Rede und erlaubt dann, Fragen zu stellen.

»Wird diese Bahnlinie ein- oder zweigleisig?« fragt ein ausländischer Journalist. Der Stellvertreter des Ministers hält eine weitere Rede; die Frage wird nicht beantwortet. Der hartnäckige Journalist wiederholt die Frage, ein Abteilungsleiter setzt zu einer dritten, noch längeren Rede an.

Der Journalist: »Wird die Strecke nun ein- oder zweigleisig?«

Jetzt gibt der Minister ein Zeichen. Ein Ingenieur erhebt sich und sagt: »Der Bau beginnt von zwei Seiten. Treffen sie sich, wird die Bahn eingleisig; treffen sie sich nicht, wird sie zweigleisig!«

Beim Bau der Erdgastrasse finden Mitja und Peter einen Klumpen Gold.

»Das melden wir gar nicht«, sagt Mitja, »den Erlös teilen wir uns brüderlich!«

Peter überlegt kurz und meint: »Weißt du, lieber nicht brüderlich, lieber Halbe-Halbe!«

*»Heute gibts Wurst
am Stengel.«*

Breshnew und Carter machen einen Rundflug über New York. »Sehr schöne Stadt«, sagt Breshnew, »aber was sind das da für dunkle Flecken.«

»Ja, das ist unser Problem, das sind unsere Slums.«

Ein Jahr später machen beide einen Rundflug über Moskau.

»Sehr schöne Stadt, und so nette Leute«, sagt Carter, »sie schauen uns aus Ferngläsern hinterher.«

»Ach«, sagt Breshnew, »und das ist unser Problem. Das sind keine Ferngläser, sondern Wodkaflaschen.«

Ein ausländischer Journalist fragt einen DDR-Kollegen: »Wie sind jetzt die Beziehungen der DDR zur Sowjetunion?«

»Ach sehr gut. Wir liefern den Russen Getreide, und die nehmen uns dafür unseren Zucker ab.«

»Wer erlaubt sich, meine Lektion durch lautes Gähnen zu stören?«

Breshnew will sich mit dem südlichen Nachbarn aussöhnen. In einem Spitzengespräch verspricht er, die Wirtschaftslieferungen nach China auszuweiten. Man solle die Wünsche nur nennen. Der chinesische Kollege zählt auf: »10 000 Lastkraftwagen, 300 000 Fahrräder, 500 000 Staubsauger und 1 Million Doppelzentner Reis ...« Da unterbricht Breshnew: »Reis ist gestrichen. Der wächst in der DDR nicht.«

Der eine Genosse zum andern: »Zum 60. Jahrestag der Oktoberrevolution ist eine neue Illustrierte Geschichte der KPdSU erschienen.«
»Illustriert sogar?«
»Ja, mit Radierungen von Breshnew.«

Die Jakuten schicken einen alten, weisen Mann nach Moskau, weil sie wissen wollen, wann der Kommunismus kommt. Weil er ein so alter, weitgereister Mann ist, empfängt ihn Breshnew gnädig.

»Genosse Generalsekretär«, sagt der Jakute, »ich möchte gern wissen, wann der Kommunismus kommt.«

»Nun, paß auf«, sagt Breshnew und tritt zum Fenster. »Sieh hinunter. Dort steht mein Taschaika und dort der vom Genossen Kossygin. Und wenn dein Tschaika dazwischensteht, dann haben wir Kommunismus.«

Zufrieden fährt der Jakute zurück.

Wieder in Jakutien, wird er von seinen Landsleuten befragt, wann denn nun der Kommunismus kommt.

»Ganz einfach«, sagt er. »Dort, vor der Tür, stehen meine Bastschuhe. Daneben stehen die meiner Frau. Wenn jetzt in der Mitte die Bastschuhe von Genossen Breshnew stehen, dann haben wir Kommunismus.«

Ein Delegierter von der Tschuktschenhalbinsel kommt zur Parteihochschule in Moskau und wird auf seine Vorkenntnisse geprüft.

»Bitte Genosse, sage uns, wer war Karl Marx, wer Friedrich Engels?«

Achselzucken.

»Kannst du uns sagen, wer Lenin war? Oder Stalin?«

Schweigen.

Der Vorsitzende der Prüfungskommission ruft den Parteisekretär des Autonomen Gebietes der Tschuktschen an: »Sag mal, wen habt ihr uns da geschickt? Der kennt ja nicht mal Lenin und Stalin!«

»Na, warum regst du dich auf! Ihr in Moskau habt eure Bekannten, wir haben unsere.«

»Der Aufsteiger«

Ein Reporter der »Prawda« besucht die Tschuktschen-
Halbinsel und trifft einen ganz alten Tschuktschen.
»Guten Tag«, sagt der Journalist, »ich komme von der
Prawda. Ich schreibe eine Reportage über das Leben der
Tschuktschen. Können Sie mir sagen, wie alt Sie sind?«
»Zweiundneunzig Jahre.«
»Dann haben sie ja die Zeit vor der Revolution noch erlebt.
Können Sie unseren Lesern sagen, wie es Ihnen in der
Zarenzeit ergangen ist?«
»Wir kannten nur zwei Gefühle«, sagt der alte Tschuk-
tsche, »Hunger und Kälte.«
»Ein griffiges Bild«, lobt der Reporter, »ein sehr griffiges
Bild! Vielleicht können Sie mit einem ähnlichen großar-
tigen Bild auch Ihr heutiges Leben beschreiben?«
»Heute«, sagt der alte Tschuktsche, »kennen wir drei
Gefühle: Hunger, Kälte und Dankbarkeit.«

Zwei Tschuktschen spazieren über den Roten Platz.
»Siehst du«, sagt der eine und zeigt auf das Mausoleum,
»dort ruht unser verehrter Genosse Wladimir Iwanowitsch.«

»Nicht Iwanowitsch, sondern Fjodorowitsch.«

Sie streiten sich. »Iwanowitsch!« – »Fjodorowitsch!« –
»Iwanowitsch!« – »Fjodorowitsch!« Bis es dem einen
reicht: »Wenn du nicht gleich aufhörst, zeige ich dich beim
GUM an!«

Ein Tschuktsche kommt mit seiner Frau nach Moskau.
Sie kaufen im GUM ein, plötzlich ist die Frau verschwunden. Er sucht sie vergebens und wendet sich
schließlich an einen Polizisten.

»Ja, wie sieht denn ihre Frau aus?« fragt der Polizist.
Der Tschuktsche zuckt die Achseln.
»Bürger, Sie müssen doch ihre Frau beschreiben können!«
Der Tschuktsche schüttelt den Kopf.
»Passen Sie mal auf«, sagt der Polizist. »Meine Frau, bei-
spielsweise, ist schlank, hat langes, blondes Haar, grüne
Augen, eine kleine Nase, einen großen Busen ...«
»Ach, wissen Sie was«, sagt der Tschuktsche, »lassen Sie
uns lieber Ihre Frau suchen.«

*

Breshnew bekommt Besuch von seiner Mutter. Er führt
sie durch den Kreml, zeigt sein Büro, seine Wohnung,
sein Auto. Er fliegt mit ihr nach Sotschi, zeigt ihr Dat-
sche und Swimmingpool.
»Schön, schön, Jungchen«, sagt seine Mutter, »aber was
machst du, wenn die Roten wiederkommen?«

Die sowjetische Führung beschließt, ihrem Volk im Fernsehen Striptease zu zeigen. Als es so weit ist, fragt der Chefideologe. »Und, ist die Frau, die sich jetzt Millionen Sowjetbürgern nackt zeigen wird, auch ihrer Aufgabe gewachsen?«

»Aber ja, Genosse«, sagt Breshnew, »Sie ist ein zuverlässige Genossin und hat ihr Parteibuch seit 1916.«

*

Honecker steht an der Mole in Rostock und sieht beim Beladen der Schiffe zu. Er fragt die Seeleute: »Wo fahrt ihr hin?«

»Nach Kuba.«

»Was bringt ihr hin?«

»Maschinen und Fahrzeuge.«

»Womit kommt ihr zurück?«

»Mit Apfelsinen.«

Er fragt die Seeleute eines zweiten Schiffes: »Wo fahrt ihr hin?«

»Nach Angola.«

»Was bringt ihr hin?«

»Maschinen und Fahrzeuge.«

»Womit kommt ihr zurück?«

»Mit Bananen.«

Und die eines dritten Schiffes: »Wo fahrt ihr hin?«

»In die Sowjetunion.«

»Was bringt ihr hin?«

»Apfelsinen und Bananen.«

»Womit kommt ihr zurück?«

»Mit dem Zug.«

*

Erich Honecker ist zu Besuch bei Leonid Breshnew in Moskau. Der schenkt ihm einen Anzug, der wie angegossen paßt. Als Honecker den Anzug in Berlin anzieht, sind Ärmel und Hosenbeine zu kurz. »Da kannst du mal sehen«, sagt Margot, »wie klein du dich immer in Moskau machst«.

Breshnew eröffnet die Olympischen Spiele in Moskau. Er liest vom Blatt ab. »Oh, Oh, Oh ...«
»Aber Genosse Generalsekretär«, sagt sein Berater, »das sind doch die Olympischen Ringe!«

Honecker besucht Breshnew. Als Gastgeschenk überreicht er einen Teller aus Meißner Porzellan. Unschlüssig wendet Breshnew den Teller hin und her.
»Ist irgendwas nicht in Ordnung?« fragt Honecker.
»Doch, doch«, sagt Breshnew, »ich suche nur die Anstecknadel!«

*

Stalin fährt mit der Transsib. Als sie ihm zu langsam fährt, gibt er Befehl, den Maschinisten und alle Verantwortlichen zu erschießen.
Chrustschow fährt mit der Transsib. Als er merkt, wie gering die Geschwindigkeit ist, gibt er Befehl, den Maschinisten, alle Verantwortlichen und das ganze Personal mit den höchsten Orden auszuzeichnen.
Breshnew fährt mit der Transsib. Als er merkt, daß der Zug sich nicht vom Fleck rührt, sagt er. »Laßt uns die Fenster verdunkeln! Stellen wir uns vor, wir fahren mit Höchstgeschwindigkeit!«

70

Ein Amerikaner und ein Russe unterhalten sich. Der Amerikaner gibt an: »Die Einkäufe macht meine Frau mit dem Ford, in die Oper fahren wir mit dem Cadillac, und wenn wir unsere Freund besuchen, nehmen wir das Flugzeug.« Daraufhin der Russe: »Die Einkäufe macht meine Frau zu Fuß, in die Oper fahren wir mit dem Traktor, und unsere Freunde besuchen wir mit dem Panzer!«

»Kaderentwicklung.«

Warenhaus GUM. Kurz vor Ladenschluß geht das Gerücht um, eine Lieferung Kaffee sei eingetroffen. Die Menge stürmt in den Verkaufskorridor.
»Ruhe Bürger, es ist genug für alle da«, beschwichtigt ein Verkäufer. »Laßt uns erst mal auspacken.«
Nach einer halben Stunde kommt der Verkäufer wieder.
»Bürger, so groß war die Lieferung doch nicht. Die Bürger jüdischer Nationalität werden gebeten, nach Hause zu gehen.«
Nach einer weiteren halben Stunde erscheint der Verkäufer erneut. »Es reicht nicht für alle. Die Parteilosen können auch nach Hause gehen.«

Es vergeht wieder eine halbe Stunde, dann noch eine. Schließlich guckt der Verkäufer in den Korridor. »Genossen, euch kann ich es ja sagen: Es ist gar keine Lieferung eingetroffen.«

»Verdammt noch mal!« brüllt einer der Wartenden. »Jetzt möchte ich aber mal wissen, warum die Juden immer so bevorzugt werden.«

»Ein hochinteressanter medizinischer Fall, Herr Leibmedikus: Das ist der hiesige Fleischer, der schon seit Jahren keine Leber mehr hat!«

Anfrage an den Sender Jerewan: »Ist es wahr, daß sich die Liebe der DDR zur Sowjetunion ständig vertieft?« Antwort: »Ja, sie hat soeben einen Tiefpunkt erreicht.«

*

Eine amerikanische Delegation besucht eine große Fabrik in Leningrad.
Vor der Fabrik steht ein großes Auto. Die Amerikaner fragen: »Wem gehört die Fabrik?«
»Nun, den Arbeitern!«
»Und wem gehört das Auto?«
»Nun, dem Direktor.«
»Seltsam, bei uns ist das genau umgekehrt!«

*

Natascha schreibt einen bitterbösen Brief an Gorbatschow. »Seit zwanzig Jahren arbeite ich nun schon in den Wolgograder Samowarwerken und habe nie einen zu kaufen bekommen.«
Gorbatschow antwortet freundlich: »Nehmen sie doch unauffällig aus jeder Abteilung ein Stück mit und bauen den Samowar zu Hause zusammen.«
Wochen später Nataschas Antwort: »Vielen Dank für Ihren Rat. Einen Samowar habe ich zwar immer noch nicht, dafür aber eine MIG 21.«

*

Die Sowjetunion bringt 4 Bücher über den Elefanten heraus:
1. Der Elefant im zaristischen Rußland, 2. Der Elefant in der Großen Sozialistischen Oktoberrevolution, 3. Der

Elefant im Großen Vaterländischen Krieg, 4. Der Elefant beim Aufbau des Kommunismus

Die DDR bringt 6 Bände heraus:

4 Bände Übersetzung aus dem Russischen, 5. Band: Der Elefant, der treueste Freund der Sowjetunion, 6. Band: Vom Sowjetelefanten lernen heißt siegen lernen.

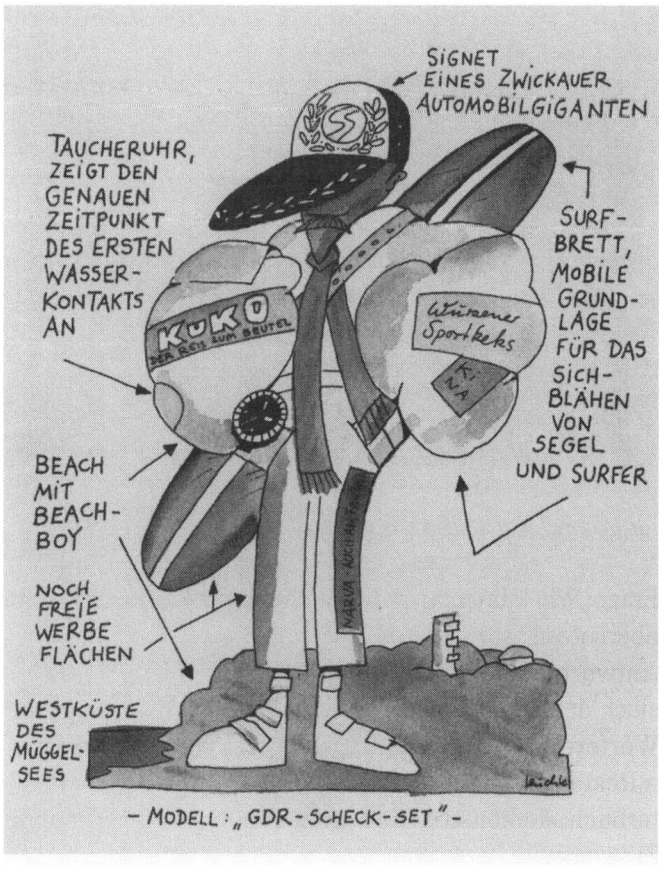

– MODELL: „GDR-SCHECK-SET" –

Reagan und Gorbatschow unterhalten sich. Reagan sagt: »Wenn ich über meine Farm fahre, setze ich mich in mein Auto und fahre drei volle Tage.«

»Und wenn ich mein Datschengrundstück besichtige, setze ich mich in mein Auto und fahre eine Woche.«

»Tja«, sagt Reagan, »solche Autos hatten wir früher auch.«

»Wußtest Du, Daß die DDR ein Leseland ist?«

Frage: Wie kann man das Wort Perestroika ins Deutsche übersetzen?

Antwort: Man braucht dazu drei Wörterbücher. Im russisch-deutschen steht »Perestroika = Umgestaltung«. Im Wörterbuch der Architektur findet man »Umgestaltung = Rekonstruktion«. Und schließlich steht im Fremdwörterbuch: »Rekonstruktion = Wiederherstellung des alten Zustandes.«

Honecker sitzt beim Friseur. Ihm werden die Haare geschnitten. Der Friseur plaudert munter, jeder zweite Satz enthält das Wort »Perestroika«. Irgendwann reicht es Honecker, er verbietet dem Friseur, das Wort in den Mund zu nehmen. »Schade«, sagt der, »immer, wenn ich Perestroika sage, stehen Ihnen so schön die Haare zu Berge.«

Zeit der Glasnost in Moskau. In der Prawda stehen jeden Tag aufregende Berichte. Eines Morgens ruft Iwan bei Kolja an. »Hast du gelesen, was heut in der Prawda steht?« »Pst«, sagt Kolja, »nicht am Telefon!«

*

Unterhalten sich zwei Parteiveteranen über die veränderten Zeiten.
»1905«, sagt der eine, »hatten wir zur Tarnung eine Flasche Wodka auf den Tisch gestellt und das Kommunistische Manifest unter dem Tisch versteckt.«
»Ja, ja,«, sagt der andere, »heute, 1985, ist das umgekehrt.«

78

Tagebuch eines Partisanen

Montag, 23. Juni: Wir haben die Faschisten aus dem Wald gejagt.

Dienstag, 24. Juni: Die Faschisten haben uns aus dem Wald gejagt.

Mittwoch, 25. Juni: Wir haben die Faschisten aus dem Wald gejagt.

Donnerstag, 26. Juni: Die Faschisten haben uns aus dem Wald gejagt.

Freitag, 27. Juni: Wir haben die Faschisten aus dem Wald gejagt.

Sonnabend, 28. Juni: Der Förster hat uns alle aus dem Wald gejagt.

*

Der liebe Gott ruft Bush, Gorbatschow und Honecker zu sich und eröffnet ihnen, daß in 7 Tagen die Welt untergeht.

Bush kehrt nach Washington zurück und hält eine Ansprache an die Nation: »Ich habe eine gute und eine schlechte Nachricht. Die gute: Gott segnet euch. Die schlechte: In 7 Tagen geht die Welt unter.«

Gorbatschow kehrt nach Moskau zurück und beruft den Obersten Sowjet ein: »Ich habe zwei schlechte Nachrichten. Den lieben Gott gibt es. Und in 7 Tagen geht die Welt unter.«

Honecker kehrt nach Berlin zurück und ruft das Politbüro zusammen: »Genossen, ich habe zwei gute Nachrichten. Die erste: Gott hat die DDR anerkannt. Die zweite: In 7 Tagen geht die Perestroika unter.«

DIE PARTEI, DIE PARTEI, DIE HAT IMMER RECHT ...

»Warst du zur letzten Parteiversammlung?«
»Ach, wenn ich gewußt hätte, daß es die letzte war ...«

*

»Dem Parteilehrjahr verdanke ich meine schönsten Abende!«
»Du bist doch gar nicht in der Partei!«
»Ich nicht, aber meine Frau.«

*

Der Lehrer fordert: »Bildet einen Satz mit den beiden Substantiven Partei und Frieden!«
Fritzchen meldet sich: »Mein Vater sagt immer: ›Laß mich mit der Partei in Frieden.‹«

*

Frage: Gibt es im Kommunismus Geld?
Antwort: Nein.
Frage: Wovon sollen wir dann unseren Parteibeitrag bezahlen?

Die Tiere des Waldes wählen einen neuen Parteisekretär.
Die Ziege? – Nein, die meckert zuviel.
Die Schnecke? – Nein, die ist zu bürgerlich. Hat ein eigenes Haus.
Der Fuchs? – Nein, auch zu bürgerlich. Trägt ständig einen Pelz.
Der Elefant? – Nein, lebt auf zu großem Fuß.
Der Hase? – Nein, ist zu ängstlich.
Die Schlange? – Nein, die kriecht immer.
Der Storch! – Ja, na klar, der Storch! Der steht auf roten Beinen, kann mächtig gut klappern und kommt auch jedes Mal aus dem Westen wieder.

*

Anfrage an den Sender Jerewan: »Kann die Partei auch irren.«
Antwort: »Im Prinzip ja, aber Sie irrt nie!«
Frage: »Woher wissen Sie das so bestimmt?«
Antwort: »Wir haben die Partei gefragt!«

*

Statut
Paragraph 1: Die Partei hat immer recht.
Paragraph 2: Wenn die Partei
mal nicht recht hat, tritt
automatisch
Paragraph 1
in Kraft.

»Wer dagegen ist, den bitte ich um das Handzeichen!«

Zwei Genossen unterhalten sich.
»Was machst du heute abend?«
»Ich muß zum Parteilehrjahr.«
»Da warst du doch gestern abend schon!«
»Gestern war Parteigruppenberatung.«
»Wollen wir morgen abend mal mit unsern Frauen ausgehen?«
»Nein, ich muß zur Parteileitungssitzung.«
»Sag mal, wann schläfst du eigentlich?«
»Während der Parteiversammlung.«

*

Warum haben Bienen keinen Parteisekretär?
Weil sie Honig machen und keine Ideologie.

*

Drei Jungs unterhalten sich über ihre Väter. »Mein Vater ist Pfarrer. Wenn er durchs Dorf geht, reden ihn die Leute mit Euer Hochwürden an.«
Der zweite: »Mein Vater ist Landesbischof. Wenn er durch die Stadt geht, sagen die Leute Seine Heiligkeit.«
Der dritte: »Das ist gar nichts. Mein Vater ist Parteisekretär. Wenn er durch den Betrieb geht, sagen die Arbeiter: Gott o Gott.«

*

Die SED-Kreisleitung fordert den Intendanten des Senftenberger Theaters auf, Selbstkritik zu üben. »Genosse«, sagt der Kreissekretär, »du wirst einen Artikel verfassen, in dem du bekennst, Fehler begangen zu haben ...«
»Was denn für Fehler?«
»Du wirst schreiben, dir sind schwerwiegende Irrtümer unterlaufen ...«
»Was denn für Irrtümer?«
»... daß du ideologische Verfehlungen begangen hast ...«
»Was denn für Verfehlungen?«
»... daß du das Ansehen der SED geschädigt hast ...«
»Was denn für ein Ansehen???«

»Wo ein Schlagloch ist, ist auch ein Weg!«

Was ist dort, wo ein Genosse ist?
Ein Weg.
Was ist dort, wo zwei Genossen sind?
Eine Straße.
Was ist dort, wo viele Genossen sind?
Der Intershop.

*

Anfrage an den Sender Jerewan:»Darf man die Partei kritisieren?«
Antwort:»Im Prinzip ja, aber es lebt sich besser in den eigenen vier Wänden!«

*

Vor der Parteikontrollkommission muß sich der Genosse Lehmann verantworten. Er habe sich vor Versammlungen gedrückt und abfällige Bemerkungen über die Partei gemacht. Ausführlich führt ihm der Vorsitzende der Kontrollkommission seine Verfehlungen vor Augen, lenkt aber schließlich ein und sagt:»Weil du ein guter Arbeiter bist, sprechen wir nur einen Verweis aus. Du darfst weiterhin Genosse unserer Sozialistischen Einheitspartei bleiben.«
»Ist gut«, sagt Lehmann, »ich nehme die Strafe an.«

*

Der Lehrer fragt die Schüler nach ihren Berufswünschen.
»Ich will Parteisekretär werden«, sagt Hänschen.
»Ich will Gewerkschaftsfunktionär werden«, sagt Frank.
»Und ich, ich weiß es noch nicht«, sagt Fritzchen. »Ich weiß nur, daß ich auch nicht arbeiten will.«

Sagt ein Genosse: »Wir reden im Parteilehrjahr ständig vom Kapitalismus, ohne zu wissen, was das eigentlich ist!«

Antwort: »Ich will es an einem Beispiel erklären. Stell dir vor, Genosse, der Kapitalismus ist eine chromblitzende Limousine, die mit rasendem Tempo auf den Abgrund zurast.«

»Schön und gut«, antwortet der Genosse, »nur ist mir unter diesen Umständen nicht verständlich, warum wir dann den Kapitalismus überholen wollen.«

»Großmutter, du hast dein Denkmal – ich die sozialpolitischen Maßnahmen.«

Frage: Kann sich das Politbüro irren?
Antwort: Das Politbüro ist schließlich auch nur ein Mensch.

Anfrage an den Sender Jerewan: »Darf ein kleiner Funktionär einen großen kritisieren?«
Antwort: »Im Prinzip ja, aber es wäre schade um den kleinen.«

Unterricht auf der Parteischule. »Genossen, der Fortschritt ist nicht aufzuhalten. Schon beherrscht der Sozialismus ein Fünftel der Erde, bald wird es ein Sechstel sein, und ich sage euch, auch ein Siebtel und Achtel werden wir noch erleben!«

Auf dem Parteitag erblickt Honecker im Präsidium ein unbekanntes Gesicht. Aufgeregt winkt er Mielke ran. »Du, da sitzt einer, den kenne ich nicht!«

»Ich auch nicht«, sagt Mielke, »aber Moment, ich kläre das.«

Nach einer Weile kommt Mielke zurück: »Ist alles in Ordnung, wir haben es überprüft. Der Mann hat seinen Platz über Genex bezahlt.«

*

Warum sind Parteiausschlüsse gefährlich?
Sie drohen die Reihen der Parteilosen zu verwässern.

HORCH UND GUCK

Stricknadel zur Nähnadel: »Du, soll ich dir mal 'n politischen Witz erzählen?«
»Pssst! Da kommt 'ne Sicherheitsnadel!«

*

Einem Mann ist der Papagei entflogen. Der Besitzer läuft sofort zur Stasi: »Ich möchte Ihnen nur mitteilen, daß ich die politischen Ansichten meines Papageis nicht teile!«

*

»Warum setzen Sie den Kellner nicht an die Luft?« fragt ein Gast den Geschäftsführer eines Restaurants. »Jeder weiß doch, daß er für die Stasi spioniert!«
»Warum sollte ich«, erwiderte der Restaurantleiter, »der nächste Spitzel ist möglicherweise kein so guter Kellner!«

*

Was ist die Höchststrafe in der DDR?
Drei Jahre ohne Beziehungen.

Der Fahrdienstleiter des Leipziger Hauptbahnhofs ist verhaftet worden. Er hat bei der Ankunft von Walter Ulbrichts Sonderzug gerufen: »Zurücktreten! Bitte sofort zurücktreten!«

*

Endlich hat die Stasi den Mann gefunden, der die politischen Witze über die DDR gemacht hat. Sie bringen ihn zu Honecker. Der fragt entrüstet: »Wieso erzählst du solche diffamierenden Witze, gerade jetzt, wo wir im wirtschaftlichen Aufschwung sind?«
Darauf der Mann: »*Der* Witz war aber nicht von mir.«

*

Genosse Mielke fragt den Wachtposten: »Genosse Sie haben so einen stieren Blick.«
»Genosse Generloberst, habe ein künstliches Auge.«
»Welches Material?« fragt Mielke.
»Glas, Genosse Generaloberst.«
»Hätte ich mir ja denken können, sonst könnten Sie ja nicht durchsehen.«

*

Ein Maler in einem volkseigenen Betrieb malt die Losung: »Unser Betrieb produziert nur Ausschuß.«
Dafür erhält er eine Strafe von 3 Monaten, 3 Wochen und 3 Tagen.
3 Tage für die Vergeudung von Material,
3 Wochen für die Verschwendung von Arbeitszeit,
3 Monate für den Verrat von Betriebsgeheimnissen.

Honecker hat seinen Bäcker verhaften lassen.
Er wollte ihm immer Reformbrot unterschieben.

*

Honecker hat seinen Chirurgen verhaften lassen.
Er wollte sich in seine inneren Angelegenheiten einmischen.

*

Stehen zwei am Tresen. Fragt der eine: »Kennst du den Unterschied zwischen Bier und Walter Ulbricht?«
»Ja«, sagt der, »Bier ist flüssig und Walter Ulbricht ist überflüssig.«
»Kennst du auch den Unterschied zwischen dir und dem Tresen?«
»Nein, den kenne ich nicht.«
»Dann sag ich ihn dir: Der Tresen bleibt stehen, und du kommst mit.«
Nach zwei Jahren treffen sich beide wieder.
Fragt wieder der eine: »Kennst du den Unterschied zwischen einem Schwein und Walter Ulbricht?«
Der andere, klug geworden, sagt: »Ich kenne keine Unterschiede mehr!«

*

Honecker will mal sehen, wie es im Westen ist. Er verkleidet sich als Oma, geht zum Bahnhof Friedrichstraße, passiert die Paßkontrolle und geht auf den Bahnsteig. Da rempelt ihn eine alte Frau an. »Hey, Honnie. Was machst du denn hier?«
»Psst«, macht Honecker. »Wie haben Sie mich erkannt?«

»Aber Honnie«, sagt die alte Frau, »erkennst du mich nicht?
Ich bin doch die Mielke-Oma.«

»Immer diese Filme von der Arbeit!«

Parlament der FDJ, großer Aufmarsch.
Honecker fragt Mielke: »Bekommen wir den Platz voll?«
Mielke: »Mit Sicherheit, mit Sicherheit.«

*

Liebe West-Oma, hab Dank für Dein Paket. Die Pistole
ist gut angekommen, ich habe sie sofort im Garten ver-
graben, auch die Munition ...
Zwei Wochen später.
Liebe West-Oma, so, jetzt kannst du die Tulpenzwiebeln
schicken, die Stasi hat mir zweimal den ganzen Garten
umgegraben ...

Ein Mann fährt Straßenbahn und liest eine Partitur.
Plötzlich wird er festgenommen und zum Verhör gebracht.
»Erklären Sie uns, was das für eine Geheimschrift ist!«
»Das ist keine Geheimschrift, das sind Noten.«
»Und die können Sie lesen?«
»Ja.«
»Einfach so?«
»Ja.«
»Und was steht da drin?«
»Wie soll ich das sagen, es sind Noten!«
»Und wer hat sie geschrieben?«
»Wagner, Richard Wagner hat sie geschrieben.«
»Den haben wir schon vernommen, der hat gestanden.«

DER VOLKSPOLIZIST, DER ES GUT MIT DIR MEINT ...

»Du, ich erzähle jetzt einen politischen Witz.«
»Paß auf, ich bin bei der Polizei.«
»Ja, ja, ich erzähl auch langsam.«

*

Ein Volkspolizist fragt seinen Kollegen, wie er zu seinem Staat steht.
»Genauso wie du«, antwortet der vorsichtig.
»Da muß ich dich leider verhaften.«

*

Ein Polizist steht auf der Straße und hat einen weißen und einen schwarzen Stiefel an. Kommt eine Funkstreife und hält an. »Genosse«, sagt der Fahrer, »du hast einen weißen und einen schwarzen Stiefel an. Geh nach Hause und kleide dich richtig.«
»Wie denn«, sagt der Polizist, »da stehn auch bloß ein weißer und ein schwarzer Stiefel.«

Ein Verkehrspolizist winkt ein Auto an den Straßenrand. Er grüßt höflich und fragt: »Guten Tag, haben Sie Restalkohol?«

Der Fahrer kopfschüttelnd: »Na, na! Müßt ihr denn immer betteln?«

»Wenn ihr noch pampig werdet, verbieten wir die ganze Jugend!«

Eine Straßenbahn fährt bei Gelb über die Kreuzung, ein Polizist stoppt sie. Der Fahrer raunzt den Polizisten an: »Ich muß mich an den Fahrplan halten, habe es eilig. Sie können mich hier nicht einfach anhalten!«

Sagt der Polizist. »Sein Se ruhig und fahrn Se rechts ran!«

*

Wie bittet ein Volkspolizist um politisches Asyl?
Er geht in den Intershop und setzt sich ins Regal.

Ein Angler angelt an einem See, wo Angeln verboten ist. Ein Polizist stellt ihn zur Rede.

»Ich bade bloß meinen Regenwurm«, erwidert der Angler und hebt die Rute.

Der Polizist triumphiert: »Aber zahlen müssen sie trotzdem. Der Wurm hat nichts an!«

*

Was sind die vier schwersten Jahre im Leben eines Polizisten?

Die erste Klasse.

*

Anfrage an den Sender Jerewan: »Kann man einen Polizisten als vermißt melden?«

Antwort: »Im Prinzip ja, aber es vermißt ihn keiner.«

*

Zwei Volkspolizisten wollen zur Wasserschutz-Polizei versetzt werden. Ihr Vorgesetzter gibt zu bedenken: »Genossen, die stellen hohe Anforderungen, ihr müßt eine schwierige Aufnahmeprüfung bestehen.«

»Das werden wir schon schaffen«, sagen die beiden und bewerben sich. Die Prüfungskommission stellt ihnen die Frage: »Was passiert mit Wasser, wenn man es auf hundert Grad erhitzt?«

Die Kandidaten schütteln die Köpfe, schweigen.

»Na gut, dann eine zweite Frage: Was passiert mit Wasser unter null Grad?«

Schweigen, Ratlosigkeit, keine Antwort. Die beiden Bewerber werden mit dem Hinweis entlassen, daß sie nicht für die Wasserschutz-Polizei in Frage kommen. Sie melden sich bei der Volkspolizei zurück.

»Welche Fragen haben die euch denn gestellt?« will der Vorgesetzte wissen.

»Was passiert mit Wasser unter null Grad?«

»Hm. Hätt ich auch nicht gewußt. Und was noch?«

»Was passiert mit Wasser über hundert Grad?«

»Über hundert Grad? Seltsame Frage. Also wenn die gefragt hätten, was geschieht mit Wasser bei neunzig Grad, hätte ich ganz locker geantwortet: Da fließt es im rechten Winkel ab ...«

*

Ein Volkspolizist sitzt mit seiner Frau im Kino. Die Filmszene zeigt einen schwankenden Steg, über den ein Polizist läuft. »Wetten«, sagt seine Frau, »daß der gleich ins Wasser fällt!«

Der Mann hält dagegen. Doch gleich darauf fällt der Polizist ins Wasser. Der Polizist kopfschüttelnd: »Ich hab den Film gestern schon gesehen und hätte nie gedacht, daß der Kollege den gleichen Fehler noch einmal macht.«

*

Zwei Polizisten finden ein Toten. »Du, wir müssen ein Protokoll aufnehmen!« sagt der eine zum anderen. »Ich fange schon mal an, und du siehst nach, wo wir uns überhaupt befinden.«

Nach einigen Minuten kehrt der andere zurück. »Alles klar, wir sind auf dem Weg mit dem Natoraketenbeschluß!«

*

Zwei Volkspolizisten laufen Streife. »Guck mal«, sagt der eine, »ein toter Vogel!«
Der andere blickt nach oben und fragt: »Wo?«

*

Der Lehrer fragt nach Name und Berufswunsch.
Der erste: »Ich heiße Egon.«
»Was möchtest du mal werden?«
»Weiß ich nich.«
Der zweite: »Ich heiße Max.«
»Was möchtest du mal werden?«
»Weiß ich nich.«
»Wer von euch weiß denn, was er mal werden möchte?«
Einer in der letzten Reihe meldet sich: »Ich möchte Polizist werden.«
»Sehr schön, sehr gut«, sagt der Lehrer, »und wie heißt du?«
»Weiß ich nich.«

»Na, Bürger, in wieviel Teile zerfällt denn ein Fahrrad?«
»Kommt ganz darauf an, welche Fachkraft es zusammengebaut hat.«

Ein Mann geht durch die Stadt und murmelt leise vor sich hin: »Scheiß Staat, Scheiß Staat ...«
Ein Polizist hört das, klopft ihm auf die Schulter: »Sie haben Scheiß Staat gesagt, ich muß Sie verhaften.«
»Sie können mich gar nicht verhaften«, sagt der Mann, »es gibt ja viele Staaten, und Sie wissen nicht, welchen ich meine.«
»Da haben Sie recht«, antwortet der Polizist und läßt den Mann gehen. Nach 10 Metern klopft er dem Mann jedoch auf die Schulter und sagt: »Ich muß Sie doch verhaften, es gibt ja nur einen Scheiß Staat.«

*

Wie öffnet ein Polizist eine Fischbüchse?
Er klopft an und ruft: »Aufmachen. Deutsche Volkspolizei.«

98

Ein Junge steht an einer Jauchegrube und heult: »Meine Mutter ist weg, meine Mutter ist hier reingefallen.«
Ein Polizist zieht sich schnell aus, springt in die Grube und durchwühlt sie mehrmals. »... ich kann nichts finden! Sag mal, ist deine Mutter wirklich hier reingefallen?«
Darauf der Junge: »Na gut, komm Se raus, da schmeiß ich eben die Schraube auch noch weg.«

*

Zwei Volkspolizisten stehen am Flughafen und beobachten die an- und abfliegenden Maschinen. Sagt der eine zum andern: »Nun sag mir doch mal, wie die Terroristen es immer wieder schaffen, solche riesengroßen Flugzeuge zu klauen.«
»O Mann, bist du dumm«, sagt der andere, »die werden doch nicht hier auf dem Boden geklaut, wo sie so groß sind, sondern oben in der Luft, und da sind sie klitzeklein!«

*

Ein Polizist steht auf dem Bürgersteig und schaut sich immerzu seine neue Uhr an. Eine Frau beobachtet ihn eine Weile, fragt dann freundlicherweise nach der Zeit. »Es ist genau«, sagt der Polizist »elf durch achtundzwanzig. Aber ausrechnen müssen Se das allein!«

»Da haben wir doch glatt mal wieder einen Gast übersehen!«

Ein Polizist findet einen Pinguin, schafft ihn zur Wache und fragt, was er machen soll. Der Wachtmeister sagt: »Gehn Se in den Zoo.«
Der Polizist macht sich auf den Weg
Nach zwei Stunden kommt er mit dem Pinguin an der Hand wieder.
»Was ist denn los?« fragt der Wachtmeister.
»Zu Befehl, Genosse, im Zoo warn wir, jetzt wolln wir ins Kino!«

*

Warum gehen die Vopos zu dritt auf Streife?
Weil sie sich so am besten ergänzen! Der erste kann lesen, der zweite kann schreiben, und der dritte paßt auf die beiden Intellektuellen auf.

*

Die Frau zum Polizisten. »Du, unser Sohn soll auf die Hilfsschule.«

»Na, wenn er das Zeug dazu hat!«

*

Zwei Polizisten stehen im Schreibwarenladen. »Ich hätte gern«, sagt der erste, »ein Heft mit runden Kästchen.«

»Entschuldigen Sie, soetwas gibt es nicht!«

»Nee?«

»Nee, bedaure.«

Enttäuscht zieht er ab.

»Sie müssen schon verstehen«, sagt der zweite Polizist, »wir können uns die Leute nicht aussuchen, müssen nehmen, was wir kriegen!«

»Schon gut«, sagt die Verkäuferin. »Was darf's denn sein?«

»Ja, ich hätte gern nen Globus von Berlin.«

Ein Volkspolizist ist nach Bautzen versetzt worden und soll politische Gefangene bewachen.
»Denken Sie denn, daß Sie das können?« fragt der Gefängnisdirektor.
»Und ob, wer nicht spurt, fliegt raus!«

*

Ein Polizist besucht mit seiner Frau ein Gewandhauskonzert.
»Hier ist aber eine gute Akustik«, sagt die Frau.
Darauf der Polizist: »Ich weiß nicht, ich rieche nichts.«

102

Zwei Polizisten laufen Streife.
»Da kann ich dir endlich einmal zeigen, wo ich wohne«, sagt der eine.
»Schau mal, in dem Block rechts, 2. Etage links, das ist unsere Wohnung, und die Frau, die dort aus dem Fenster schaut, das ist meine Frau.«
Als sie am Block vorbeilaufen, tritt ein Mann neben die Frau.
»... und guck mal, der Mann dort oben, das bin ich.«

Ein Mann läuft quer über die Straße. Ein Volkspolizist ruft ihn zur Ordnung: »Bürger, wie überqueren wir denn den Fahrdamm?«
Antwort des Bürgers: »Diagonal.«
»Sehen Sie«, sagt der Polizist, »und warum machen wir das nicht?«

*

Ein Ausländer spricht zwei Polizisten an: »Du ju spiek inglisch?«
»Nee.«
»Parleh wu französäh?«
»Nee.«

»Parlando italiano?«

Kopfschütteln.

»Gawaritch poruskie?«

Wieder Kopfschütteln. Der Mann geht unverrichteter Dinge weiter.

»Du«, sagt der eine zum andern Polizisten, »haste gemerkt, der spricht vier Sprachen.«

»Und, hat's ihm was genützt?«

*

Zwei Polizisten laufen Streife. »Guck mal«, sagt der eine, »da liegt ein Spiegel!« Hebt ihn auf und sieht hinein. »Mensch, den Kerl kenne ich doch. Da muß ich morgen mal in die Fahndungsliste gucken.«

Er steckt den Spiegel in die Jackentasche und geht nach Haus. Seine Frau hängt die Jacke auf und kontrolliert gewohnheitsgemäß die Taschen. Sie findet den Spiegel, guckt rein und ruft empört aus: »Dachte ich es mir doch! Fremde Frauen!«

*

Zwei Volkspolizisten stehen auf der Straße und weinen. Ein mitfühlender Passant fragt, was denn los sei.

»Uns ist der Streifenhund davongelaufen!«

»Ach«, tröstet der Bürger, »ist doch nicht so schlimm. Der findet schon zurück zum Revier.«

»Ja, der!«

UNSERE DDR IST DIE GRÖSSTE DDR

Echowitz: Die DDR hat Weltniveau ... wo... wo ...

*

Was ist der Unterschied zwischen 40 Jahren DDR und 40 Jahren Bundesrepublik?
40 Jahre.

*

Worin unterscheiden sich Pieck, Ulbricht und Honecker?
In ihrer Genügsamkeit. Wilhelm Pieck wollte den Sozialismus noch für die ganze DDR. Walter Ulbricht beschränkte sich auf Berlin. Honecker setzte ihn wenigstens in Wandlitz durch.

*

Die drei wichtigsten Staaten beginnen mit dem Buchstaben U.
Die UdSSR, die USA und Unsere Deutsche Demokratische Republik.

Wo wären die amerikanischen Astronauten gelandet, wenn es den Mond nicht gegeben hätte?
Natürlich in der DDR, denn die liegt noch ein Lichtjahr hinter dem Mond.

*

Anfrage an den Sender Jerewan: »Stimmt es, daß die DDR mit Volldampf zum Sozialismus steuert?«
Antwort: »Im Prinzip ja! Gegenwärtig benötigt sie den meisten Dampf zum Tuten.«

»Sie hören jetzt Krokodil Theofil! An der Lichtorgel Hauptwachtmeister Schulze!«

Ulbricht und Mao Tse-tung unterhalten sich. »Wie viele Feinde haben Sie in der Volksrepublik China?« fragt Ulbricht.
»Es werden so etwa siebzehn Millionen sein.«
»Ja, das ist ungefähr so wie bei uns.«

Anfrage an den Sender Jerewan: »Was wäre eigentlich passiert, wenn statt Kennedy Ulbricht erschossen worden wäre?«

Antwort: »Eine etwas abwegige Frage. Aber eines ist gewiß: Onassis hätte die Witwe nicht geheiratet.«

*

Die Ostasienreise Erich Honeckers war eine der lehrreichsten. Er besuchte Nordkorea, China und die Mongo-

lei und brachte folgende Erkenntnisse mit nach Hause:
Erstens aus Korea, daß ein Staatschef sich noch viel mehr
feiern lassen kann.

Zweitens aus Cina, daß man eine Mauer noch viel län-
ger, dicker und höher bauen kann.

Und aus der Mongolei, daß man außerhalb der Hauptstadt auch in Jurten leben kann.

*

Frage: In unserem sozialistischen Dresden ist wieder ein
»Bellevue«-Hotel gebaut worden. Was ist denn nun der
Unterschied zum früheren Hotel gleichen Namens?
Antwort: Früher saß dort die herrschende Klasse drin,
heute steht sie davor.

*

Der Nationalfeiertag der DDR wird vom 7. Oktober auf
den 8. Dezember verlegt.
Begründung: Am 8.12.1979 gestalteten sich die meteoro-
logischen Bedingungen so ungünstig, daß in der gesam-
ten DDR Glatteis herrschte. Mit andern Worten: Dieser
8.12. war der einzige Tag, an dem in der DDR alles glatt-
ging.

*

Die drei kleinsten Bücher der Welt: das Kochbuch der
Polen, das Arbeitsgesetzbuch der Rumänen, der Rei-
seatlas der DDR.

*

Begegnen sich zwei Schneeflocken im Fluge.
»Komm«, sagt die eine zur andern. »Fliegen wir in die
DDR und machen ein bißchen Panik.«

*

»Welches ist der größte Strom der Erde?« fragt der Geographielehrer.

»Das ist die Elbe«, sagt Fritzchen.

»Wie kommst du darauf?« wundert sich der Lehrer.

»Meine Großeltern haben gesagt, sie brauchen 60 oder 65 Jahre, um an das andere Ufer zu gelangen.«

*

Anfang der achtziger Jahre berät das Politbüro über die Einführung eines neuen Staatswappens, das dem fortgeschrittenen realen Sozialismus angepaßt sein soll. Günter Mittag schlägt als Symbolfigur ein Känguru vor. »Es macht auch mit leerem Beutel große Sprünge!« Erich Mielke besteht auf einem U-Boot. »Das ist überall, aber man sieht es nicht!«

Joachim Herrmann fordert ein Nilpferd. »Es steht bis zum Hals im Wasser und hat dennoch ein großes Maul.«

Erich Honecker bringt es auf den Punkt: »Peperoni. Rot, klein, aber scharf!«

Vom Berliner Fernsehturm kann man vier Meere sehen
– unten ein Häusermeer, oben das Wolkenmeer, im Westen
das Lichtermeer und im Osten gar nichts mehr.

*

Unsere Mikroelektronik ist nicht kleinzukriegen!

*

Aus der Festrede Walter Ulbrichts: »Vor zwanzig Jahren
standen wir am Abgrund. Jetzt sind wir ein Stück weiter.«

*

Ochse, Pferd und Huhn stehen an der Mauer und überlegen, ob sie abhauen.
»Ich bleibe«, sagt das Huhn, »hier sind die Eier billiger.«
Das Pferd meint: »Ich bleibe. Hier geht es dauernd ber-
gab und das ist für mich leichter.«
»Ja, meint ihr denn, ich gehe?« sagt der Ochse. »Hau ich
ab, bleibe ich ein Ochse, hier kann ich Diplomingenieur
werden.«

*

Die DDR ist ein Staat mit höchster Energie-Ökonomie:
Sie blendet, ohne zu leuchten.

*

Die DDR ist der einzige Staat der Welt, der den Mond
konsequent für friedliche Zwecke nutzt.
»Für welche friedlichen Zwecke?«
»Für die Straßenbeleuchtung.«

*

Warum gibt es auf unseren Straßen so viele Schlag-
löcher?
Wir haben noch keinen Grund gefunden, sie zu expor-
tieren.

*

Wo wir sind, klappt nichts.
Leider können wir nicht überall sein.

Drei Experten unterhalten sich über die Möglichkeit des Landens auf der Sonne.

Der USA-Wissenschaftler: »Wir werden erst in etwa 15 Jahren dazu in der Lage sein.«

Der Sowjetbürger: »Wir arbeiten intensiv an der Raumstation, die in etwa 3 Jahren startet.«

Der Vertreter der DDR: »Wir starten in einer Woche.«

»Und wie haben Sie das Problem der hohen Temperaturen auf der Sonnenoberfläche gelöst?«

»Ganz einfach, wir landen nachts.«

»Südlich von Kap Arkona lagern riesige Bodenschätze.«
»Das sind die Müllkippen meiner Heimat.«

KUNST IST WAFFE

Maria Callas tritt in der Staatsoper auf. Walter Ulbricht ist begeistert, schüttelt ihr die Hand und sagt: »Sie haben sich um unser Land verdient gemacht. Gibt es einen Wunsch, den ich Ihnen erfüllen kann, Madame?«

»Ja, Herr Ulbricht«, antwortet die Callas. »Reißen Sie die Mauer nieder!«

Da droht Ulbricht schelmisch mit dem Zeigefinger und sagt: »Na, na, na, Madame ... Sie wollen wohl mit mir allein sein.«

*

Eine Katze hat eine Maus gefangen. »Ach, bitte liebe Katze, erfüll mir einen letzten Wunsch, bevor du mich frißt. Laß mich noch einmal tanzen.«

Die Katze ist einverstanden, die Maus tanzt, die Katze sieht ihr zu – und schläft ein.

Als sie wieder aufwacht, ist die Maus verschwunden.

»Scheiß Volkskunst«, maunzt die Katze.

*

Bei einem Moskau-Besuch bemerkt Nixon, daß abends die Straßen menschenleer sind. Er fragt einen Passanten, wie das zu erklären ist.

»Ach wissen Sie, Herr Präsident. Vor ein paar Monaten wurde Solschenizyn wegen seines Buches in den Westen abgeschoben. Seitdem sitzen die Leute nach der Arbeit zu Hause – und schreiben, schreiben, schreiben.«

Was ist ein ostdeutsches Streichquartett?
Ein Sinfonieorchester nach der Rückkehr von der West-
tournee.

*

Ein DDR-Bürger kommt in den Himmel.
»Was waren Sie in der DDR?«
»Maler.«
»Also Künstler, da ging es Ihnen in er DDR sehr gut. Ab
in die Hölle.«
Der nächste DDR-Bürger. »Ich war Stadtrat.«
»Da waren Sie ja ein geplagter Mensch und kommen in
den Himmel. Noch eine Frage, wie lange waren Sie Stadt-
rat?«
»Über 20 Jahre.«
»Ab in die Hölle, dann waren Sie ja auch ein Künstler.«

*

Ulbricht in der Gemäldegalerie: »Herrlich, ja herrlich die-
ser van Gogh.«
»Nein, Genosse Ulbricht, das ist ein Rembrandt.«
»Ja, herrlich, ja diese Bergzicke hier.«
»Genosse Ulbricht, das ist ein Spiegel.«

*

»Madame Ulbricht«, sagt die Hausangestellte.
Lotte unterbricht: »Aber, wie redest du mich an?«
Die Hausangestellte korrigiert sich: »Genossin Ulbricht.
Ich habe heute meinen freien Abend, da gehe ich in die
Oper und sehe mir ›Genossin Butterfly‹ an.«

Anfrage an den Sender Jerewan: »Kann ein Analphabet Mitglied der Akademie der Künste werden?«
Antwort: »Im Prinzip ja, aber kein korrespondierendes.«

*

Impressionismus ist, wenn ein Maler malt, was er sieht.
Expressionismus ist, wenn ein Maler malt, was er empfindet.
Sozialistischer Realismus ist, wenn ein Maler malt, was er hört.

*

Was ist der Unterschied zwischen der Sonne und einem DDR-Rockmusiker?
Es gibt keinen. Im Osten gehn sie auf, und im Westen gehn sie unter.

*

117

Frau Grotewohl ruft Lotte Ulbricht an. »Du, Lotte, kommste mit, wir gehn zu Figaros Hochzeit?«
»Ach nein, ich kenn die Leute doch gar nicht!«

*

Was ist der Unterschied zwischen einer Fuhre Langholz
und der Kulturpolitik der DDR?
Bei einer Fuhre Langholz kommt erst das dicke Ende und
dann die rote Fahne.

Im Wettstreit der Systeme

»Wer war der erste Mensch, Fritz?« fragt der Lehrer.

»Unser geliebter Stalin, Herr Lehrer«, brüllt Fritz.

»Nein, so war es nicht gemeint«, erklärt der Lehrer, »der erste Mensch war Adam.«

»Jaaa«, antwortet Fritz erstaunt, »wenn Sie die Kapitalisten mitrechnen!«

*

Bei einem Internationalen Leichtathletik-Sportfest wirft ein amerikanischer Hüne den Hammer 84,23 Meter weit. Weltrekord! Die Reporter umringen den Mann und fragen ihn: »Sagen Sie, worauf führen Sie diesen Erfolg zurück?«

»Auf mein College. Dort bin ich ausgebildet und trainiert worden. Ich liebe mein College und schenke ihm diesen Sieg.«

Der russische Konkurrent wirft seinen Hammer 85,26 Meter weit. Weltrekord! Wieder sind die Reporter da und fragen: »Wie haben Sie das geschafft?«

»Ich liebe die siegreiche Sowjetunion«, sagt der Russe.

»Als ich meinen Hammer warf, hab ich nicht an die Universität, sondern nur an mein Land gedacht. Ihm verdanke ich alles.«

Es tritt ein Sportler aus der DDR an, der schleudert seinen Hammer 87 Meter weit. Neuer Weltrekord! Wieder eilen die Reporter herbei und sagen: »Weltrekord! Worauf führen sie das zurück?«

»Auf meinen Vater«, sagt der Sieger

»Wieso auf Ihren Vater?«

»Als ich noch ganz klein war, hat mein Vater zu mir gesagt: »Wenn dir jemals einer einen Hammer in die Hand drückt, mein Junge, wirf ihn soweit weg wie möglich.«

»Zum Feierabend wird mir immer ganz schwer ums Herz.«

Reagan, Breshnew und Honecker fragen den lieben Gott, was im Jahr 2000 sein wird. Zu Reagan sagt der liebe Gott: »Im Jahre 2000 werden die USA kommunistisch sein.« Da wendet sich Reagan ab und weint ganz bitterlich.

»Und was wird mit der Sowjetunion?« fragt Breshnew.
»Die Sowjetunion«, sagt der liebe Gott wird aufgesogen
vom Großchinesischen Reich.« Da wendet sich Breshnew
ab und weint ganz bitterlich.
»Und wo steht die DDR im Jahre 2000?« fragt Honecker.
Da wendet sich der liebe Gott ab und weint ganz bitterlich.

*

Honecker liegt am Ostseestrand, und mit der Morgenrö-
te steigt die Sonne auf. »Guten Tag, liebe Sonne«, sagt
Erich.
»Guten Tag, Herr Staatsratsvorsitzender«, sagt die Sonne, »ich wünsche Ihnen einen erholsamen Tag, Herr
Staatsratsvorsitzender!«
»Das ist aber freundlich von dir, liebe Sonne«, sagt Erich,
»sehr freundlich, daß du mir einen erholsamen Tag
wünschst.«
»Ich danke Ihnen, sehr geehrter Herr Staatsratsvorsitzender«, sagt die Sonne. Am Abend, als die Sonne untergeht, schaut Erich ihr nach und sagt: »Vielen Dank, liebe Sonne, ich hatte einen angenehmen Tag!«
»Ach Mann!« sagt die Sonne. »Leck mich am Arsch, jetzt
bin ich im Westen!«

*

Carter, Breshnew und Ulbricht essen Abendbrot in einem
Schweizer Hotel.
Carter bestellt beim Kellner eine Wurstplatte.
»Sehr wohl«, sagt der Kellner, »ich erlaube mir aber zu
bemerken, in der Schweiz sagt man Wurstplättli.«
Breshnew bestellt anschließend eine Schinkenplatte. Der

Kellner bemerkt höflich, daß es in der Schweiz Schinkenplättli heißt.

Ulbricht will klug sein und bestellt ein Käseplättli.

»Tut mir leid«, sagt der Kellner, »das Neue Deutschland führen wir nicht.«

Am 1. Mai ziehen Tausende Menschen mit Fahnen und Transparenten an der Tribüne vorüber, auf der das SED-Politbüro ausgestellt ist. Günter Mittag weist Honecker auf eine besonders originelle Losung hin.

Da heißt es: »Unsere Fischprodukte sind ein Beitrag zur Bekämpfung des Imperialismus!«

Honecker nickt Mittag zustimmend zu und flüstert: »Aber wie, Günter, bringen wir die Imperialisten dazu, dieses Zeug zu fressen?«

Japanische Geschäftsleute auf DDR-Besuch. Auf die Frage, was Sie am meisten beeindruckt habe, antworten sie: »Uns haben am besten ihre drei schönen Museen gefallen – Pergamon, Pentacon und Robotron.«

*

Bush, Honecker und Gorbatschow reiten durch die Wüste und werden von Beduinen verfolgt. Gorbatschow wirft ihnen einen Zettel zu, auf dem steht: »1 Million Rubel, wenn ihr uns in Ruhe laßt.« Doch die Beduinen verfolgen sie weiter.

Da wirft Bush ihnen einen Zettel zu, auf dem er 1 Million Dollar verspricht. Doch sie werden weiterhin verfolgt.

Honecker wirft einen Zettel – die Beduinen lesen, halten, machen sofort kehrt.

»Was hast du ihnen geboten?« fragen Bush und Gorbatschow.

»Nichts«, sagt Honecker. »Ich habe geschrieben: Noch ein Kilometer, dann beginnt die DDR.«

Nach dem Kongreß:
Schriftsteller X studiert das Men-
schenbild.

123

Was ist der Unterschied zwischen Spanien und der DDR?
Über Spanien lacht die Sonne, über die DDR lacht die
Welt.

*

Mao Tse-tung will die Oder-Neiße-Grenze anerkennen.
Als Westgrenze des Chinesischen Reichs.

»Da könnse mal sehen wie energiebewußt unsereins fährt!«

Von der UNO wird der Weltuntergang für den 30.5. ver-
kündet. Was veranlassen die einzelnen Staaten?
In den USA werden die Banken beauftragt, sämtliche
Dollareinlagen an die Bürger zu verteilen.
In Frankreich werden die Bordelle für kostenlosen Besuch
freigegeben.
Die DDR organisiert 3 000 Maler für die Anfertigung
überdimensionaler Losungen: Mit erfüllten Plänen dem
Weltuntergang entgegen.

Drei Staaten haben Interesse, die Titanic zu heben: Die USA wegen des Schmucks in den Tresoren, die Sowjetunion wegen des Stahls und die DDR wegen der Kapelle, die bis zum Untergang gespielt hat.

*

Honecker kommt in den Himmel. »Du, Petrus, ich möchte aber in den Osthimmel.«
»In Ordnung«, sagt Petrus, »aber zum Essen kommste rüber. Für einen alleine koch ich nicht.«

*

Als Willi Brandt und Willi Stoph in Erfurt zusammentreffen, unterhalten sie sich über ihre Hobbys.
Brandt: »Ich sammle Witze, die man über mich macht.«
Darauf Stoph: »Und ich sammle die, die Witze über mich gemacht haben.«

*

Nach seinem Ableben klopft Honecker bei Petrus an die Tür. Dieser sieht nach und fragt: »Du hast dich wohl verlaufen? Ab in die Hölle!«
Ein halbes Jahr später klopfen zwei Teufelchen bei Petrus an.
Petrus: »Ihr seid ganz falsch hier!«
Sie entgegnen: »Nein, wir sind die ersten Flüchtlinge ...«

AUS DEN KADERAKTEN BERÜHMTER GENOSSEN

Wilhelm Pieck und Otto Grotewohl fahren im Taxi durch Berlin. »Wenn ich jetzt Zigaretten zum Fenster rauswerfe, laufen mir alle Männer hinterher«, sagt Pieck.
»Wenn ich jetzt Damenstrümpfe aus dem Fenster werfe, laufen mir alle Frauen hinterher«, sagt Grotewohl.
Sagt der Taxifahrer: »Und wenn ich euch jetzt beide zum Fenster rauswerfe, läuft mir das ganze Volk hinterher!«

*

Zwei DDR-Bürger unterhalten sich. »Ja«, sagt der eine, »Grotewohl starb eines unnatürlichen Todes.«
»Wieso denn?« fragt der andere.
»Wie oft hat er die Sowjetunion besucht – und starb zu Haus im Bett!«

*

Wann sagte Lenin: »Lernen, lernen und nochmals lernen«? Als er Walter Ulbrichts Schulzeugnis sah.

Ulbricht besucht eine LPG in Mecklenburg. Auf dem Feld sagt er zum Vorsitzenden: »Dieser Roggen, ja, ist aber kurz.«

»Das ist Gerste, Genosse Ulbricht«, kommt die erklärende Antwort.

»Nu ja, Hackfrucht bleibt Hackfrucht.«

»Das war früher. Da gehörte das Klappern zum Handwerk.«

Warum nimmt Walter Ulbricht Lotte immer mit auf Reisen?

Damit er sie zum Abschied und zur Begrüßung nicht küssen muß.

*

Ulbricht ist mit seiner Frau im Auto unterwegs. Es überholt sie ein Wagen mit dem Kennzeichen »GB«.

»Tüchtig, tüchtig« sagt Ulbricht, »unsere Geheimpolizei ist wieder unterwegs.«

»Nein«, sagt der Fahrer, »das sind die Genossen aus Bulgarien.«

»Bei bulgarischen Genossen steht immer BG dran, hier steht aber GB.«

»Vielleicht ›Gambodscha‹, meint der Fahrer.

Da meldet sich Frau Lotte: »Alles falsch, das heißt: Gönichreich Bolen.«

»Und sie meinen, ich muß auch bei Kurzstreckenfahrten das Auto ganz auspacken?«

Walter Ulbricht hält in einem Kindergarten die Eröffnungsrede.
»Liebe Kinder, Euer Kindergarten wird heute eröffnet. Ihr habt so schöne Spielsachen, Teddys, Autos, Puppen und ... und ...«
»Bälle, Bälle,« flüstert sein persönlicher Referent.
»... wau, wau, wau.«

*

Ein LPG-Bauer kommt nach Ulbrichts Tod ins Zentralkomitee und sagt: »Ich möchte gerne zum Genossen Ulbricht.«
Es wird ihm gesagt, daß Genosse Ulbricht verstorben sei. Das wiederholt sich im Stundenabstand 4 mal. Dem Pförtner wird es zu bunt, und er fragt: »Warum kommen Sie andauernd wieder? Sie wissen doch, daß Genosse Ulbricht verstorben ist.«
»Entschuldigen Sie«, antwortet der Bauer, »aber ich kann das nicht oft genug hören.«

Was steht im Jahre 2010 im Lexikon unter Ulbricht, Walter?
Sächsischer Mundartsprecher zu Zeiten des großen Mao.

*

Die Nachfolge Walter Ulbrichts beschäftigt die Gemüter.
Vorschlag: Willi Schwabe
Begründung: Willi Schwabe ist der Einzige, der sich in
der Rumpelkammer auskennt.

»Wir haben nämlich nur noch einen Löffel.«

Weltfestspiele in Berlin. Das Organisationskomitee bittet Petrus um gutes Wetter, doch der will nicht mit sich
reden lassen. Also telefoniert man mit dem Teufel.
»Einverstanden, ich garantiere gutes Wetter, und ihr sorgt
dafür, daß ich Walter bekomme.«

Honecker steht mit nem Koffer an der Grenze.
»Ich zieh zu meinem Volk«, sagt er.

*

Honecker hat hat sich den Arm gebrochen.
Er wollte sich auf sein Volk stützen.

*

Honecker hat eine Anzeige aufgegeben: Biete Staat. Suche Arbeiter und Bauern.

*

Warum spielt Honecker nicht Verstecken?
Na, würdest du ihn suchen?

*

Der kürzeste Witz: Dr. Honecker.

*

Noch ein kurzer Witz: Ein Minister fährt Straßenbahn.

*

Erich Honecker kommt auf den Alexanderplatz, sieht eine Menschenschlange und stellt sich an. Nach einer Weile dreht sich der Vordermann um, schaut erstaunt Honecker an und geht weg. Der nächste dreht sich um, der übernächste, der überübernächste. Nach und nach gehen alle weg. Beim allerletzten fragt Erich: »Wonach steht ihr hier eigentlich an und warum geht ihr alle weg?«
»Nach Ausreiseanträgen. Aber wenn auch du einen stellst, können wir ja hierbleiben.«

Honecker darf als Rentner nicht rüberfahren, da er Geheimnisträger ist.
Das Geheimnis ist Kaffemix.

Günter Mittag und Erich Honecker besuchen einen Kindergarten. Honecker will wissen, wie es denn so aussieht. »Ja«, sagt die Leiterin, »der Spielplatz müßte fertiggestellt werden, und neues didaktisches Spielzeug brauchen wir auch.«

»Gut, wir werden sehen, was sich machen läßt, wir prüfen es für den nächsten Fünfjahrplan«, antwortet Erich Honecker.

Anschließend fahren Mittag und Honecker weiter nach Bautzen in die Strafvollzugsanstalt.

»Wir fordern«, sagen die Häftlinge, »Farbfernseher und Dusche in jeder Zelle. Und Tennisplatz und Fitneßraum.«

»Ja«, sagt Honecker, »in Ordnung, ich werde das sofort veranlassen.«

Mittag ist völlig perplex. »Sag mal, Erich, hast du dich da nicht vertan. Das kostet doch Millionen, und für die Kinder willst du nichts tun?«

»Na, meinst du denn, wenn es einmal anders kommt, wir werden im Kindergarten eingesperrt?«

*

Honecker, Stoph und Mittag treffen sich auf einer Waldlichtung in der Schorfheide und wetteifern darum, wer von ihnen der beste Jäger sei. Mittag reißt die Flinte hoch und ballert wie wild los. Sein Hund schleppt ein Kaninchen an, dem das Fell bereits abgezogen ist. Stoph schießt ziellos in die Baumwipfel. Sein Hund bringt einen küchenfertigen Fasan. Darauf drückt Honecker gelangweilt ab. Sein Hund rennt in die entgegengesetzte Richtung und kommt mit einem Zettel in der Schnauze zurück. Darauf steht: »1 Hirsch, 2 Wildschweine, 4 Hasen, 5 Fasane. gez. Mielke.«

*

Frage: Worin unterscheidet sich eigentlich der Ceausescu-Clan noch von den Habsburgern?
Antwort: Die Habsburger haben nacheinander regiert.

*

Mielke kommt zu Krenz. »Stell dir mal vor, der Honecker läuft durch den Garten und zieht ein Holzpferd hinter sich her.«

»Naja, die Nerven ..., wenn's der Entspannung dient!«

»Ja, schon«, sagt Mielke, »es ist aber mein Holzpferdchen!«

Von Kap Arkona bis zum Fichtelberg

Was macht ein Aal in der Saale?
Er lernt Chemiefacharbeiter.

*

Frage: Welches ist der wichtigste Buchstabe des Alphabets?
Antwort: Im Prinzip sind alle wichtig, aber unersetzbar ist das »W«, denn sonst hieße es »Arschauer Pakt«, »Alter Ulbricht« und »Affenbrüderschaft«.

*

Im Jahr 2014 dürfen alle DDR-Bürger in den Westen reisen.
Warum?
Weil die DDR 65 wird.

*

Vor dem Staatsratsgebäude in Berlin langweilen sich eine Schnecke und eine Ziege. Sie beschließen, einen Wett-

lauf zu machen. Die Ziege ist eindeutig schneller. Aber
da kommt die Schnecke aus dem Staatsrat und trägt eine
Verdienstmedaille.

»Wieso du? Ich war doch viel schneller«, sagt die Ziege.
Darauf die Schnecke: »Darfst nicht meckern. Mußt krie-
chen.«

*»Alle bedeutenden Menschen sind einsam. Auf Hiddensee werden Bedeu-
tung und Einsamkeit zum Massenerlebnis.«*

In der Redaktion des »Neuen Deutschlands«.
»Haben, sie den Staatsratsvorsitzenden interviewt?«
fragt der diensthabende Redakteur einen Journalisten.
»Jawohl.«
»Und was hat er gesagt?«
»Wie immer: nichts.«
»Ausgezeichnet. Diktieren Sie es gleich der Sekretärin,
aber nicht mehr als drei Spalten.«

*

Anfrage an den Sender Jerewan: »Wo sitzt derjenige, der
in der DDR für die politischen Witze verantwortlich ist?«
Antwort: »Keine Ahnung, wo er sitzt. Wir wissen nur,
daß er sitzt.«

Im nächsten Frühjahr wird aus den Wolken das radioaktive Strontium 90 aus den sowjetischen Atomexperimenten abregnen. Als Genosse Bollmann das erfährt, sagt er stolz: »So sind unsere sowjetischen Freunde. Nun schicken sie uns unser Uran wieder nach Sachsen zurück!«

*

Ein Hauptmann begrüßt die jungen Soldaten. »Woher kommen Sie denn?« fragt er einen Neuling.
»Aus Gera, Herr Kompaniechef.«
»Sagen Sie lieber Genosse Hauptmann zu mir.«
»Jawohl, lieber Genosse Hauptmann.«

*

Spare mit jedem Pfennig, koste es, was es wolle.

*

Bei Hombachs klingelt es an der Wohnungstür. Herr Hombach öffnet. Ein Dame von der Wohnparteigruppe steht vor der Tür. »Herr Hombach, wie stehen Sie zur Neutronenbombe?«
»Oh«, sagt Herr Homach, »da muß ich erst meine Frau fragen.«
Er kommt zurück: »Ist gut, wir nehmen eine.«

*

Es ist schwarz, fliegt durch die Luft und darf nicht nach dem Westen – was ist das?
Ein Pechvogel!

Die Lehrerin fragt, was ein Trauerfall ist.

Der erste Schüler: »Wenn ich mein Portemonnaie verliere!«

»Nein«, sagt die Lehrerin. »Das nennt man einen Verlust.«

Der zweite Schüler: »Wenn der Sturm das Dach unseres Hauses beschädigt.«

»Auch nicht richtig, das nennt man einen Schaden.«

Der dritte meldet sich: »Ein Trauerfall ist, wenn Erich Honecker stirbt.«

»Jawohl, richtig«, sagt die Lehrerin, »das ist ein Trauerfall und kein Verlust und kein Schaden.«

*

An einer öffentlichen Toilette hängt ein Schild mit dem Hinweis: »Schlüssel beim Pförtner des Rates der Stadt.«

Am nächsten Tag steht darunter: »In dringenden Fällen an den Rat des Bezirkes wenden!«

*

»Pioniere, was ist eine Kollektivleistung beim Lernen?« fragt der Pionierleiter beim Gruppennachmittag.

»Kollektivleistung ist, wenn einer die Schularbeiten richtig macht und alle andern von ihm abschreiben.«

*

Zwei Altstoffsammler sind unterwegs. Sie klingeln. Eine vornehme Dame öffnet. »Haben Sie alte Wein- oder Schnapsflaschen?«

»Sehe ich etwa so aus, als ob ich Alkohol trinke?«

»Das gerade nicht, aber Essigflaschen haben sie doch bestimmt.«

Die Lehrerin fordert die Kinder auf, zusammengesetzte Substantive zu bilden, die Nahrungsmittel bezeichnen. Pflaumenmus, Apfelmus, Kartoffelmus.

»Sozialismus«, ruft Fritzchen.

»Aber Sozialismus ist doch nicht zum essen.«

»Das stimmt«, meint Fritzchen, »mein Vater sagt: ›Das ist zum Kotzen.‹«

Familie Birnbach bestaunt die Neubauwohnung. Frau Birnbach jubelt entzückt. »Sieh mal, Manne, welch schöne Einbauschränke.«

Der Mann von der KWV schüttelt tadelnd den Kopf. »Keine Einbauschränke. Das sind die Kinderzimmer.«

*

»Nun hat der Referent zwei Stunden geredet, und nicht einmal wurde Mode vorgeführt«, sagt Erika.

»Wieso Mode?« fragt Renate zurück.

»Na, deswegen bin ich doch gekommen: Die Frau im neuen Staat!«

*

Frage: Was ist das? Liegt auf der Treppe und lügt.
Antwort: Das Neue Deutschland.

*

Unterhaltung am Zeitungskiosk: »Warum kostet die Prawda nur 10 Pfennige und das Neue Deutschland 15 Pfennige?«

»Das kann ich Ihnen erklären«, sagt die Verkäuferin, »beim Neuen Deutschland kommen noch 5 Pfennig Übersetzungskosten hinzu.«

*

Ein Esel und ein Trabant treffen sich.

»Guten Tag, Auto«, sagt der Esel.

»Guten Tag, Pferd«, sagt der Trabant.

»Nanu!« staunt der Esel, »warum sagst du Pferd zu mir?«

»Du sagst ja auch Auto zu mir.«

Fragt ein Reporter: »Wie ist Ihre Meinung zum neuen Parteitagskurs?«

»Find ich richtig.«

»Was sagen Sie zum Schriftstellerkongreß?«

»Richtig, alles richtig.«

»Haben Sie denn keine eigene Meinung?«

»Gegen die kämpfe ich gerade an.«

*

Ulbricht hat Geburtstag. Ein Arbeiter, der gratulieren will, lehnt sein Fahrrad an das Staatsratsgebäude. Ein Sicherheitsbeamter sagt: »Das geht nicht. In wenigen Minuten kommen die sowjetische und dann die polnische Delegation.

»Das macht nichts. Ich hab das Rad angeschlossen.«

»Überall nur noch Selbstbedienung.«

»Der Papst kommt nach Leipzig«, meldet die Presse.
»Na endlich, dann ist auch der letzte Pole in der DDR gewesen.«

*

Ein klapperdürrer polnischer Schäferhund und ein vollgefressener DDR-Mops treffen sich auf der Brücke der Freundschaft in Frankfurt/Oder. »Wo willst du hin?« fragt der Dicke.
Der andere antwortet: »In die DDR. Mal wieder richtig was fressen! Und was willst du in Polen?«
»Mal wieder richtig bellen.«

Bahnhofsrestaurant: »Herr Ober, ich kaue schon 20 Minuten auf diesem Schnitzel herum.«
»Sie können ruhig weiter kauen mein Herr, Ihr Zug hat 40 Minuten Verspätung.«

*

Das Neue Deutschland erscheint mit 3 neuen Seiten: Auf der 1. steht, was gemacht werden muß, auf der 2., wie es gemacht werden muß und auf der 3. sind schwarz umrandete Kästchen. Das sind die, die es versucht haben.

»Nächstes Jahr werden die Streichhölzer teurer.«

»Wieso denn das?«

»Der Gebrauchswert ist erhöht worden. Die Köpfe sind dann an der anderen Seite.«

*

Ein Bär trifft eine aufgeregte Schneckenfamilie.

»Was habt Ihr denn?« fragt er den Schneckenvater.

»Wir wollen ausreisen.«

»Ja warum denn?«

»Na stell dir vor: Ich hab ein Haus, meine Frau ein Haus, die Kinder jeder ein Haus. Das kann doch nicht gutgehen in der DDR.«

Einen Tag später trifft ein Storch die Bärenfamilie, ganz aufgeregt.

»Was hast du denn?« fragt er den Bärenvater.

»Wir wollen ausreisen. Überleg mal: Ich hab ein Fell, meine Frau, die Kinder jeder ein Fell, das kann doch nicht gutgehen.«

Am anderen Tag trifft ein Pavian die erregte Storchenfamilie.

»Was ist denn mit euch los?« fragt der Pavian.

»Wir müssen schnellstens weg von hier«, sagt der Storchenvater.

»Ich hatte jedes Jahr eine Auslandsreise, meine Frau eine Auslandsreise, die Kinder Auslandsreisen, das kann doch auf die Dauer nicht gutgehen in der DDR.«

»Da kann uns nichts passieren«, sagt der Pavian. »Ich habe einen roten Hintern, meine Frau hat einen roten Hintern, die Kinder einen roten ...«

Das Beste zum X. Parteitag – der Rest zum Wohle des Volkes.

*

Ein Lehrer fragt seine Schüler, wer das Kommunistische Manifest geschrieben hat. Da sich niemand meldet, wendet er sich an einen der besten Schüler.
Dieser antwortet erschrocken: »Ich war's nicht.«
Er fragt den nächsten Schüler.
»Ich war's auch nicht«, antwortet dieser.
Der Lehrer ist enttäuscht.
Auf dem Heimweg trifft er den Abschnittsbevollmächtigten und erzählt ihm, was er mit der Klasse erlebte.
Darauf dieser: »Na paß auf, morgen bestelln wir uns die Kerle, ich hab schon ganz andere Sachen rausgekriegt.«
Völlig aufgelöst kommt der Lehrer nach Hause, setzt sich an den Abendbrottisch und erzählt seiner Frau, was passiert ist.
Die tröstet ihn: »Mach dir nichts draus, vielleicht warn sie's wirklich nicht.«

*

Der Papst besucht die DDR. Er sieht den restaurierten Berliner Dom und äußert sich anerkennend, sieht den Palast der Republik und sagt: »Da habt ihr aber ein schönes Pfarrhaus errichtet.«

*

Es ist gelungen, Karl Marx wieder zum Leben zu erwecken. Man will ihm Gelegenheit zu einer halbstündigen Fernsehansprache geben. Er sitzt im Studio und bereitet seine Rede vor.

144

Da kommt der Redakteur Außenpolitik zu ihm und sagt. »Tut mir leid, wir müssen die Sendezeit halbieren – eine Freundschaftsdelegation aus der Sowjetunion ist soeben zurückgekehrt.«

»Gut«, sagt Karl Marx und kürzt seinen Text.

»Es tut mir leid«, sagt der Redakteur Wirtschaft, »ein Ernteberichtmuß gesendet werden, wir müssen die Zeit noch einmal halbieren.«

»Gut«, sagt Karl Marx und kürzt seinen Text.

Da kommt der Sportredakteur und sagt: »Tut mir leid. Die Übertragung des Fußballspiels beginnt gleich. Sie können nur eine Minute Sendezeit kriegen.«

»Gut«, meint Karl Marx, tritt vor die Kamera und sagt: »Proletarier aller Länder« – blickt auf die Armbanduhr – »entschuldigt mich.«

»Bevor wir sone scharfe Glosse übers Wetter loslasen, müssen wir uns doch die Frage stellen: Können wir's verändern .«

145

LEHRSÄTZE

Der Sozialismus hat aus früheren Gesellschaftsformationen jeweils das Beste übernommen: aus dem Kapitalismus das Geld und die Warenproduktion, aus dem Feudalismus die vielen kleinen Könige, aus der Sklavenhaltergesellschaft die Arbeit mit den Menschen und aus der Urgesellschaft die Arbeitsproduktivität ...

*

Frage: Was ist der Unterschied zwischen Kapitalismus und Sozialismus?
Antwort: Der Kapitalismus macht soziale Fehler, der Sozialismus macht kapitale Fehler.
Frage: Gibt es nicht noch einen markanteren Unterschied?
Antwort: Im Kapitalismus regelt sich alles durch Einnahmen und Ausgaben, im Sozialismus durch Eingaben und Ausnahmen.

*

Was ist Sozialismus?
Der längste Weg von Kapitalismus zu Kapitalismus.

Frage: Wie verhält man sich bei einem eventuellen Einsatz von Atomwaffen?
Antwort: Sofort den Kopf mit einem weißen Taschentuch bedecken und gemessenen Schrittes zum Friedhof gehen.
Nachfrage: Warum gemessenen Schrittes?
Antwort: Damit in der ganzen Katastrophe nicht noch eine Panik entsteht.

Wie ist heute das Kräfteverhältnis zwischen Kapitalismus und Sozialismus?
Der Kapitalismus steht heute am Rande des Abgrundes!
Der Sozialismus dagegen ist schon einen ganzen Schritt
weiter.

                           *

Können sie mir den Kapitalismus erklären?
Kapitalismus ist die Ausbeutung des Menschen durch
den Menschen.
Und wie ist es mit dem Sozialismus?
Da ist es genau umgekehrt.

Worin zeigt sich, daß der Kommunismus dem Kapitalismus überlegen ist?
Ginge es im Kapitalismus so drunter und drüber, wäre er schon längst zugrunde gegangen.

*

Ist der Sozialismus von Wissenschaftlern oder von Politikern erfunden worden?
Natürlich von Politikern. Die Wissenschaftler hätten erst einen Tierversuch gemacht!

149

Wann werden die USA sozialistisch?
Wenn der Präsident nicht mehr Ford, sondern Trabant
heißt.

*

Stimmt es, daß der Kapitalismus im Sterben liegt.
Ja, aber was für ein schöner Tod.

*

Was ist Kommunismus?
Wenn jeder von allem genug hat.

»Kein Zutritt! Jahresabschluß-
feier!«
»Aber ich bin doch der Jahres-
abschlußmann!«

Im Kapitalismus bekommt man für Geld alles.
Im Sozialismus bekommt man alles, was man für Geld
nicht bekommt.

*

Was ist der Unterschied zwischen dem Sozialismus und
einem VEB?
Im VEB sind die Fluchtwege gekennzeichnet.

Was ist Emigration?
Der friedliche Übergang vom Sozialismus zum Kapitalismus.

*

Was sind die vier Hauptschwierigkeiten beim Aufbau des Sozialismus?
Frühling, Sommer, Herbst und Winter.

»Morgen ist Diplomatenjagd, da wollen wir doch einen guten Eindruck machen.«

Worin besteht der Unterschied zwischen einem ärmellosen Pullover und einem Subbotnik?
Der ärmellose Pullover ist ein Westover, und der Teilnehmer am Subbotnik ist ein Ost-Doofer.

*

Kann man den Mittelpunkt des Kreises berechnen?
Nein. Der Mittelpunkt des Kreises ist der Rat des Kreises, und der ist unberechenbar.

*

In der DDR gibt es keine Arbeitslosen. Jeder hat Arbeit,
trotzdem arbeitet keiner. Obwohl keiner arbeitet, erfüllen wir die Pläne. Obwohl wir die Pläne erfüllen, gibt es
nicht alles. Obwohl es nicht alles gibt, haben die Leute
alles. Obwohl die Leute alles haben, meckern sie. Obwohl
alle meckern, sind alle zufrieden. Und warum sind sie
zufrieden?
Weil es in der DDR keine Arbeitslosen gibt.

*

Warum leben die Ostfriesen politisch relativ ruhig?
Die Ostfriesen kennen das Problem der Westfriesen nicht.

*

Gibt es einen Unterschied zwischen einer Neutronenbombe und Kaffeemix?
Ja, gegen die Neutronenbombe können Sie protestieren!

Prüfungsfrage an den Studenten: »Welche beiden Syste-
me sind miteinander unvereinbar?«
»Das sozialistische System und das ...« Der Student kommt
nicht weiter.
»Na? na?...« fragt der Dozent.
»Das Nervensystem!«

Unter welcher Parole kämpften die römischen Sklaven? »Es lebe der Feudalismus, die lichte Zukunft der Menschheit!«

*

Anfrage an den Sender Jerewan: »Wird es Krieg geben?« Antwort: »Im Prinzip nein, aber der Kampf um den Frieden wird solche Ausmaße annehmen, daß kein Stein mehr auf dem andern bleibt.«

*

Anfrage an den Sender Jerewan: »Können Wanzen und Flöhe Revolution machen?« Antwort: »Im Prinzip ja, wenn in ihnen das Blut von Arbeitern und Bauern fließt.«

*

Anfrage an den Sender Jerewan: »Kann man in der Schweiz den Kommunismus aufbauen?« Antwort: »Im Prinzip ja, aber es wäre schade um die Schweiz.«

»Es schmeckt nach gar nischt. Du landest nochmal bei der Schulspeisung.«

Sprüche, nichts als Sprüche

Lieber die Verkäuferin vögeln, als den Bedarf der Bevölkerung decken.

*

Lieber Brust an Brust mit der Sekretärin als Schulter an Schulter mit dem Parteisekretär.

*

Lieber rückwärts in die Kneipe als vorwärts im sozialistischen Wettbewerb.

*

Lieber zweifelhaft als Einzelhaft.

*

Lieber von Sitte gemalt als vom Sozialismus gezeichnet.

*

Lieber 'ne Blaue Mauritius als 'ne Rosa Luxemburg.

*

»Na, bitte. Haben wir doch wieder den Würdigsten für diese Auszeichnung durchgeboxt.«

Lieber rückwärts in den Intershop als vorwärts zum X. Parteitag.

*

Lieber zu Honecker gestanden als bei Mielke gesessen.

*

Lieber 'n Blauen in der Tasche als 'n Roten in der Familie.

*

Lieber 'ne Tante im Westen als 'nen Onkel im Politbüro.

*

Lieber kariert in Schottland als gestreift in Bautzen.

*

Lieber die Welt anschauen als eine Weltanschauung haben.

*

Lieber kurz und schmerzlos als Erich währt am längsten.

*

Lieber im Westen Trübsal blasen, als im Osten flöten gehn.

*

Lieber weiche Knie als einen festen Klassenstandpunkt.

*

Lieber Aids als überhaupt keine Westkontakte.

*

Lieber schlankweg in den Westen als dicke da im Osten.

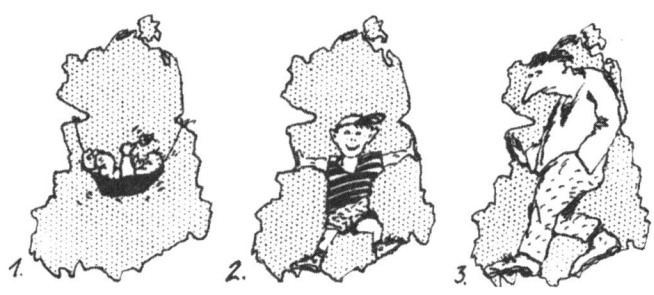

INHALT

Vorbemerkung   5
Was des Volkes Hände schaffen ...   7
Ham wa nich   20
Der große Bruder   42
Die Partei, die Partei, die hat immer recht ...   80
Horch und Guck   88
Der Volkspolizist, der es gut mit dir meint ...   93
Unsere DDR ist die größte DDR   105
Kunst ist Waffe   114
Im Wettstreit der Systeme   119
Aus der Kaderakten berühmter Genossen   126
Von Kap Arkona bis Fichtelberg   134
Lehrsätze   146
Sprüche, nichts als Sprüche   156

Die Karikaturen stammen von Peter Bauer (18, 25, 71, 118), Detlef Beck (158), Heinz Behling (14, 48, 58, 94, 98, 107, 112, 113, 127, 135, 145, 150), Henryk Berg (154), Manfred Bofinger (13, 24, 41, 51, 64, 67, 70, 77, 81, 97, 110, 123, 132, 136, 148), Henry Büttner (12, 35, 49, 52, 117), Bernd A. Chmura (65, 151), Otto Damm (44, 45), Werner David (36), Ulrich Forchner (30, 39), Barbara Henniger (9, 29, 61, 72, 92, 100, 106, 108, 118, 155), Egbert Herfurth (43), Karl Holtz (74), Heinz Jankofsky (33, 55, 122, 129), Paul Klimpke (103), Monika Köpp (85), Harald Kretzschmar (17), Frank Leuchte (28, 76), Willy Moese (68, 82), Andreas J. Mueller (53), Peter Muzeniek (32), NEL (102), Lothar Otto (15, 62, 66), Harri Parschau (8, 21, 56, 69, 86, 115, 139, 149, 157), Paul Pribbernow (31, 78, 83, 87), Louis Rauwolf (10, 54, 57, 60, 73, 99, 101, 130), Rudi Riebe (63), Horst Schrade (23, 40, 50, 91, 107, 120, 142), Karl Schrader (141, 147), Wolfgang Schubert (124), Reiner Schwalme (34, 47, 128, 152), Nabil el Solami (27).

ISBN 3-359-00972-X

© 1999 Eulenspiegel · Das Neue Berlin
Verlagsgesellschaft mbH & Co. KG
Rosa-Luxemburg-Str. 39, 10178 Berlin
Umschlaggestaltung: Jens Prockat, unter
Verwendung von Motiven von Manfred Bofinger
Druck und Bindung:
Graphischer Großbetrieb Pößneck GmbH
Ein Mohndruck-Betrieb